そのやり方では大失敗する!

資金調達・物件探し・店舗設計・メニュー構成・計数管理…

繁盛飲食店の開業・出店

「成功の法則」を教えます

飲食開業経営支援センター
赤土亮二・著

目　次

◆**甘い『夢』から目覚めなさい**……13
実現しない『夢』は悪夢……14
自分の都合だけの計画は失敗する……15
開業したことは記事になっても、閉店は記事にならない……16
お金を取らない試食の商品批評は『おいしい』になる……17
味がよければ客が来るという幻想……18
飲食店経験者が陥る落とし穴……19
友達同士の経営はダメになる……20
無理な資金計画は破綻のもと……21
無理やり自己資本だけでやろうとする危険性……22
フランチャイズ加盟という甘い読み……23
他人任せでは経営はできない……24
飲食店は肉体労働だという覚悟はあるか……25

◆成功する開業は決意・意気込み・心がまえ……27
90%の開店希望者の店が消えていく……28
『でも』、『しか』『なら』からの脱皮……29
反対されたら、開業をやめるのか……30
親族会議まで開かれ、反対されたのに飲食業界に飛び込んだ私……31
成功者は、意気込みが違う……32
過保護すぎる親が、商売失敗の原因……33
意気込みのために借金しよう……34
気持は「支店も持ちたい」ぐらいの気概がいる……35
トレンドについての意見は素直に聞こう……36
◆資金調達の失敗……37
資金調達を甘く見ると危険はまぬがれない……38
開業資金の調達方法を間違える危険……39
あなたにも『ブラック』があるかも知れない……40
自分では気づかず『ブラック』になっていることも……41
『喜んでお貸ししますよ』は社交辞令……42

個人新規開業資金のガードは堅い……43
親からの借入は『贈与』とみなされるかも……44
日本政策金融公庫から借入するには……45
日本政策金融公庫借入に必要な書類……47
日本政策金融公庫の借入手順とポイント……48
リースの利用も可能……50
各自治体の貸付制度を利用するには……51
そんな計画書では通用しない……52
借りる話より返せる話をポイントに……53
借入は怖くない、借入条件が問題だ……54
人間誰しも弱い面があるが、借入はできるのか……55
◆**騙されやすい物件探し**……57
よく出る不動産用語は勉強しておけ……58
店舗探しのコツを知れ……59
中には悪い不動産業者もいる……60
貸主側に対し、必要な確認を怠るな……61

賃貸借の方法は多種多様……62
協力金は得か損か……63
定期借家契約は再契約の約束がいる……64
転貸借は危険がいっぱい……65
外部ダクト費用が足らなくなった……66
開業日に電気ブレーカーが落ちる……67
電気容量は確認しておかないと大変なことになる……68
ガスは引かれていればいいわけではない……70
店舗内見のポイント……71
居抜きの店に「なんで辞めたのか」と聞くのは愚の骨頂……72
居抜きだったため安くできたに騙されるな……73
資産譲渡は目録がいる……74
居抜き店のチェックリスト……75
条件交渉はしてみよう……77
リース店舗の家賃は支払いきれるか……78
結果『また借り』になった……79

賃貸借契約の流れを知っておく……80
◆**客が掴める『店づくり』、客を逃す『店づくり』**……81
コンセプトもテーマもない店づくりは客を掴めない……82
設計者には、的確に伝達しなくてはならないことがある……83
設計料が無料というのは嘘……84
誘客できれば設計デザイン料は安い……85
イメージと違う店になってしまった……86
親戚だから工事費は安く…の落し穴……87
予算を抑えたために、かえって大損する危険……88
夏は暖房、冬は冷房になる空調設備……89
左利きは11・5パーセント……90
給排気のバランスが重要……90
ドアーに必要な『誘客能力』……91
サイン、表示が誘客能力を出す……92
ファサードが無表情では入店は拒まれる……93
客を引きつけるには、アイキャッチャーが必要……94

稼げないスペースが大きすぎないか …… 95
テーブル小さすぎ、通路狭すぎでは支持は得られない …… 96
席数が取れてない店は失敗する …… 97
席数不足の損害計算 …… 98
店に汚れがあると日常空間になる …… 100
厨房の基本動線を重視せよ …… 101
最低必要設備と能力 …… 102
カウンター前に〝日常〟を感じさせたら失格店 …… 103
汚れていれば汚される …… 104
家具バランスが悪いと違和感を与える …… 105
カウンター席とか、ソファーがデッドスペースを生む …… 106
◈**売れない原因はメニューづくりにある** …… 109
『売りたいメニュー』と『売れるメニュー』は違う …… 110
確たる売り物メニューを持て …… 111
売れるメニューには〝振り〟という現象がある …… 112
仕入業者という壁を越えられるか …… 113

真似がスタートでもいい……114
素人発想が大事……115
時流を感じさせるメニューが必要……116
時流の中心は、いつの時代もほとんど同じ……117
客のウォンツの中に『ワクワク感』というものがある……119
2ヶ月目に激減する売上の理由……120
安いだけでは売り物にはならない……121
セブンイレブンの『価格政策』に学べ……122
おいしいものは売れるという錯覚……123
すべてを『個性化』するわけではない……124
効率、能率、安定化が計られているか……125
ヒットさせるのに必要な接客係の援護……126
『飛びつきやすい傾向』と『飽きっぽい傾向』を持つ現代人……127
メニューに必要な季節感……128
◆その経営の仕方が店をダメにする……129
繁盛店との差は何か……130

営業時間が守れない……131
貸切が多くて入れない……131
定休日以外にも休業している……132
やっているか、どうか分からない店に客は来ない……133
誘導のない接客が、稼ぎを逃す……134
クイックリーな提供が重要……135
陣頭指揮がされてない……135
せっかくの飲食店商売の利点を活かしていない……136
飲食店商売の欠点をカバーしろ……137
商売に目鼻がつくと、ダレてしまう危険……138
儲からなくてもいいなら、商売などやるな……138
開業後も必要なサービス力の強化……139
気づかい、気配りのサービスが必要……140
店長を変えたら売上が増加……140
客の期待に応えよ……141
開業後も、競合店調査を行う……142

改定がなされないメニューでは、客は掴めない……143
ただ長い時間営業しても利益は出ない……144
既成概念に捉われた営業日、業態になっていないか……145
どの時間に攻撃をかけるか……146
深夜『居酒屋』になるファミリーレストランに学ぶ……147
主力商品を無料にするという無謀さ……148
顧客名簿もつくっていない……149
顧客名簿をサービスに利用する……149
顧客優先が店の斜陽につながる……150
販促のネタを探せ……150
儲けるためのコストダウンとは……151
コストダウンにつながる設備の検討……153
妥協の人使いでは、客に支持される店にはなれない……155
◆**間違いだらけの計数管理**……157
なぜか計数管理が問題にならない……158
売上の伸びは、最低１０３％は必要……159

斜陽期は必ずやってくる……160
売上の詳細を知れ……161
原料費管理に必要なこと……164
人件費を制さなくては経営を制することはできない……169
諸経費は小さい費用だが、管理は必要……171
儲かる体質を知れ……174
経営の目的は利益の計上である……178
資料作成にレジ機を利用する……183
◆**開業スケジュールは甘くないか**……185
開業スケジュールのミスは大きな損失につながる……186
工事の進行状況には、確認が必要……188
工事発注方法にミスはないか……189
どんな営業許可を取るのか……190
深夜酒類提供飲食店の届出が必要ではないか……192
求人の前にしっかり決めるべきこと……193
求人計画とその注意点……194

接客トレーニングを徹底する……195
レジで、店の最後の印象が決まる……196
全員参加の調理トレーニングの必要性……197
開店時は、何かに期待を持たれている……198
開店日だから『ミス』は許されない……199
実際営業と同じ状態をつくる……201
◆あとがき……204
成功した経営者にある共通した特徴……204
赤土亮二が経営者に希望すること……206

甘い『夢』から目覚めなさい

■実現しない『夢』は悪夢

飲食店開業をして一国一城の主になりたい。このような夢を持つ。これは決して悪いことではないし、このような夢をもつことで、日常にも張りが出てくるはずだ。だが、飲食店を経営するということは、そんなにやさしいことではないし、そんなに簡単なことでもない。したがって、開業に当たってはしっかりとした考え方を基に、綿密な開業計画を立てて実行に移していくことが、重要なことである。私の長いコンサルタント経験で、開業後に思った通りの成績があげられず、どうしたらいいのか、という相談にくる経営者が非常に多い。そして、そのような店のほとんどは、開業計画が悪く、その結果、思った成績があげられないという店が大半なのである。どうして開業前に相談に来なかったのか悔やまれる。相談に来た店の中には当然のことだが、もはや修正しようがない店も結構多いのだ。ただ好きだからといって成功できないのが飲食店なのである。夢は悪夢に終わってしまうことになる。

また最近多いのは、カフェが好きだからカフェを開業して、楽しい人生を送りたいと、開業を計画する人たちも多い。そしてこのような傾向に拍車をかけるような、無責任なコンサルタントや専門学校もいる。だが、しっかりとした計画を基にして開業して欲しい。

自分の都合だけの計画は失敗する

最近の相談者の実話である

①15坪前後の店を借りて、讃岐うどん店を開業したい。そのために、約2年をかけ讃岐で実技を勉強してきた。基本的には、家内と2人で、従業員はせいぜいパート1人位で経営しようと思っている。話としてはまともだったのだが、営業時間は11時から15時で、土曜、日曜、祭日は定休で営業したいというのである。なぜそうなるのかと尋ねたら、家内は身体が弱いのでというのが理由なのである。

②テレビで見たのだけど、週2日の営業で繁盛しているカフェがあり、繁盛しているとのことなので、それと同じような営業をしたい。自分の家なので、家賃は出ないので、なんとかなると思うので開業を指導してほしいというのが相談のあらましである。なぜ週2日なのかと尋ねたら、もう60歳なので、好きなカフェができれば、儲からなくてもいい、というのである。……両方ともに自分の都合だけが優先した考え方で、客のことは置いてきぼりである。もの珍しいので最初はなんとかなっても、こんな考え方では、初期投資の回収はおぼつかず、撤退が待っているだけである。

開業したことは記事になっても、閉店は記事にならない

例えば、①週に2日しか営業しない店
②一日に1組しか入れないレストラン
いかにもマスメディアが喜びそうな業態なので、取材が入り、マスメディアに載る。このような情報を見ると、そんなやり方でもなんとかなるのだと、それを真似て営業しようと考える人が出てくる。でもこれは、ちょっと考えれば採算するはずがないことは分りそうなものである。実際の経営は月間25日やって採算させているのに、週2日では月間8～9日の営業で採算させなくてはならないのである。仮に、
①自分の家でやるので、家賃はかからない
②自分は他に定収入があるので、人件費はいらない
といった好条件を持っていたにしても、そこには、内装、家具、厨房設備、備品購入といった初期投資も加わってくる。ということは、その償却も必要になる。と考えると、やってはいけないないという判断になるのが正しいはずだ。前述したような店は開業時には話題になっても、撤退したことは、記事にはならないのだ。

お金を取らない試食の商品批評は『おいしい』になる

開業希望者にこんな人も意外に多い。料理をするのが得意だし、好きだ。そこで、得意の料理をつくり、近所の人たちや親戚を招いて、その料理を振る舞う。そして、その人たちに味の批評を求める。しかし、批評なんか求めても何の意味もない。なぜならば、こんな場合に「まずかった」といってくれる人はいない。食番組のレポーターと同じで、「おいしい」という言葉しか出ないのである。それを間に受けて、もしかしたら、私は料理の天才かと錯覚してしまう。もしそれに代価を払わなくてはならないとしたら、果たして「おいしい」といってもらえるのか、というのが問題なのである。しかも振る舞った料理は、原料費のことが考えられていない。したがって商売として成立するかどうかも疑問だ。

私の長いコンサルティングの経験の中には、私はケーキづくりには自信があるからとか、パスタづくりには自信があるから、それを売り物にして飲食店をやりたいという人も結構いる。しかし、意地が悪いようだが、私は言葉だけでは信じない。つくってもらい試食してから判断するようにしている。もちろん、中には売り物にしても遜色ないという物とか、ちょっと手直しすればという物もあるが、大多数はとても売り物には程遠いものである。

■味がよければ客が来るという幻想

「味さえよければ客は来てくれるはずだ」。もし本気でそのように考えているなら、それは大変な間違いだ。もちろんその「味さえよければ」の程度にもよるが、たた『おいしい』程度では、それが売り物にはならない。昔は『おいしい』物を売っていれば、それだけでも客はやって来た。なぜなら『まずい』店が数多くあったからである。ところが、今はそんなに『まずい』物を売っている店はない。したがって『おいしい』物であっても、そこに独自性が必要なのである。同時に心掛けなくてはならないのが、他の付加価値の重要性である。

①接客等のサービス
②店内の居心地→空間演出、清潔性、飲食にふさわしいテリトリー
③提供の演出性→器使い、小物使い等

である。例えば不潔感が漂っているなどの不備があれば、いくら『いい味』を提供しても、『美味しい』という評価にはならないのである。

油断してはならないのは、客は見てないようで、結構いろいろ見ているものなのである。このような不備はなかなか客が口に出してくれることはない。

飲食店経験者が陥る落とし穴

飲食店で長年経験して独立するケースは多い。経験というのは強い武器には違いない。だが、全ての経験者がということではないが、経験者には経験があるがゆえに陥る落とし穴がいくつかある。まず第一にあげられることが、経験だけをもとにしてしまい、現在の世の中の情勢等を無視してしまう点である。経験にプラスして現代の情勢もふまえるということが肝要である。第二に陥りやすいのは、調理に対して既成概念が強いという点である。この料理はこのような調理方法で、このような調味料で味付けるのが常識だ。これが既成概念である。しかし、これでは独創的なメニューを開発していくことができない。

第三点は、経験した店の規模が大きかった場合、どうしても厨房設備が過大になりやすい点だ。そのため、厨房面積が広くなり、客席数がとれず、稼げない店になってしまう。

第四点は、人件費が高くなってしまうということである。働いていた時とは違うので、経営面から考え、適正な人件費になるようにしたいものだ。他にも経験者が陥りやすいことは数多くあるが、調理者だった人はどちらかというと、経営面に疎い場合が多い。したがって、経営の参考書等を熟読し、経営面からものを考えるということをしなくてはならない。

友達同士の経営はダメになる

よくある相談の一つに、仲のいい友達と資金を出しあって経営したいというのがある。

これに対する私の答えはノーである。何故ならば後日必ずもめて、トラブルになり、限りなく100％に近い店がダメになってしまうからである。こういうと、「姉妹のように仲よくしている同士だから、絶対にトラブルになるようなことはない」という言葉が返ってくる。開業して成績が芳しくないと、互いに成績はなすりあいになるし、仮にうまくいった場合でも、一人でやっていればという欲が出る。これでうまくいかなくなってしまう。

他にも互いに気にいらないことが積み重なっていく。実際には親子でも兄弟でも、欲がからめば、トラブルになるのだ。所詮、仲がいいといったって、他人同士だということを忘れてはならない。もし、どうしてもそうしたいというのであれば、資金は五〇％ずつとし、他に細かい取り決めをつくり、それを書面にしておく必要がある。

なお、半々で出し合うというのなら、自己資本が五〇％はあるということになる。ならば、五〇％は公的機関から借入れしてでも、一人でやったほうがいい。現代は低金利時代である。したがって、借り入れても金利負担でおかしくなることは、まずないといっていい。

無理な資金計画は破綻のもと

やる前から失敗間違いなしという計画の人がいる。それは、自己資本が極端に少ない人である。では、自己資本はどの程度あればいいのか。初めての店の場合は、理想的には自己資本は2分の1だといえる。2分の1は無理だというなら、少なくても3分の1は必要だ。残りの資金は借入とかリースで資金を調達しなくてはならないことになる。借り入れる先は日本政策金融公庫とか銀行、信用金庫ということになる。こんな場合、銀行、信用金庫等は、新規の開業の貸付のガードはかなり固く、なかなか難しいのが現状である。公庫の場合は、やはり自己資本があまりにも少ない場合、借入は却下されてしまう確率が極端に高くなる。

あとは、リースでということが考えられるが、リースの場合は必ず保証人が必要になる。

銀行、信用金庫がダメ、日本政策金融公庫はダメ、まともなリースもダメということになると、無理な資金調達をしなくてはならなくなる。例えば、カード・ローンを使うとか審査が甘い金利の高いリース会社を使うということになってしまう。ちなみに、カード・ローンだと、500万円位の借入だと、金利は15パーセント前後になる。こんな無謀な借入では破綻が待っているだけだ。

■無理やり自己資本だけでやろうとする危険性

開業計画における資金計画は、開業計画の中では最も重要なものの一つである。したがって、所要資金の計算は綿密なものを作成しなくてはならない。そして計算で算出された金額が調達できないなら、計画は前に進めることは、危険きわまりないのである。

もし、自己資本だけでは不足するなら、残りは借入れなくてはならないし、借入の可否も判断しなくてはならない。よくあるのは、不足するのに、なんとか自己資本でできるようにと、どこかを削減しようという例である。では、削減できるものはというとそれは、

※内外装工事費、家具工事費、厨房設備費、冷暖房工事費

なのである。そのために起きることは、いかにも貧相な内装で、夏季には冷房がきかず、効率の悪い厨房の店ができ上がってしまう。

結果、客が入らず撤退ということになれば大損害だ。こんな場合は借入をしてでも資金を調達して、客に納得してもらえる店をつくらなくてはならないのだ。でも借入は怖いという人も多い。だが無謀な借入でない限り、現代は低金利時代であるので、借入が怖いという言葉は正しくない。開業の時、開業の資金が不足することの方がよほど怖いことなのだ。

■フランチャイズ加盟という甘い読み

フランチャイズに加盟した方が安心なのではないか。こう考えている開業希望者はかなりいる。だが、フランチャイズに加盟する場合は、フランチャイザー（本部側）に対し、

①加盟金、保証金
②研修費
③設計監理料

といった料金を支払わなくてはならない。まず、これが結構な金額になる。次に考えておかなくてはならないのは、内外装、付帯設備、冷暖房設備、厨房設備等は本部側の指定工事（本部側が指定した業者しか使えない）というのが普通だ。これで起きることは、そのそれぞれが割高になるということである。さらに、ロイヤリティといって、月々支払わなくてはならない料金も発生する。

このような条件があっても、繁盛が約束されていたり、商品その他のノウハウが優れていたりというのなら、それは安いものだといっていい。だが、そうとは限らないのである。したがって加盟するなら、本当に価値ある本部なのかを十分吟味する必要がある。

■他人任せでは経営はできない

自分は素人だから、誰か任せられる人を雇って経営する。幸い親しくしている人が、経験もあり、信用できる人を紹介してくれたので、その人に任せて経営したい。こんな開業希望者も多い。では自分自身はというと、子育てもあるし、年寄りの介護もあるので、あまり店には出られないというのである。このような考え方で果たして経営できるのか。その答えは限りなく100％に近い否である。

小型店で、しかも初めての店で、これでは利益など出てくるはずもないというと、「でも、利益は出なくてもいいのだ」というのである。もし利益など出なくてもいいというのなら、失敗するかも知れないというリスクを犯してまで店などやる必要もない。初めての店は調理でもいいし接客でもいいから労働力の一端を経営者が担う必要がある。

さらにいえることは、雇用する人がいくら経験者で、いくら信頼がおける人であっても、雇用した人は経営者ではない。経営的な見地にたってものを考えてはくれない。そのため、経費管理等が甘くなる。また、考えたくはないが、不正が発生するということも考えなくてはならない。経営者が必ず店にいれば、不正が起きるというようなことは未然に防げる。

飲食店は肉体労働だという覚悟はあるか

飲食店の仕事内容は、比較的楽だと考えている人が多い。また汚い仕事はあまりないと考える人も多い。特にカフェの経営希望者は、このような傾向が強い。では実際にはどうなのかというと、汚い仕事もあるし、結構肉体労働なのである。フライパンとか鍋にしたって、家庭で使っている『おままごと』みたいなものではなく、かなりの大きさのものに、材料をいれて、かなりの重さになるものを扱わなくてはならないので、かなりの重労働なのである。次にいえるのは、厨房の中はかなり熱くなる。かといって、厨房内は冷房を利かせ過ぎることはできない。そんなことをしたら、できた料理は客席に運ぶ前に冷めてしまい、価値は半減してしまう。熱さと戦うのも、結構、重労働になる。小型店の場合、経営者は勤務時間がかなり長くなる。その間は立ち仕事である。初めての人など、足がパンパンになってしまい、歩けなくなってしまうぐらいなのである。

また綺麗な仕事というのも、あまり正しくない。例えば、トイレの清掃、グリストラップの清掃、嘔吐物の片づけなど、結構汚い仕事もある。比較的楽なのではないか、あまり汚い仕事はないのではない、というような舐めた考え方は禁物なのである。

成功する開業は決意・意気込み・心がまえ

90％の開店希望者の店が消えていく

飲食店の開業希望者はかなり多い。また、他の業界からの参入も非常に多い。たしかに飲食業というのは魅力ある業界であり、まだまだ将来性の高い業界であることは事実なのであるが、失敗しやすい業界であることも事実なのである。実に50％の店は失敗に終わっているのである。では成功者が50％いるのかというとそうではない。40％の店は、なんとかやっているという店で、消えていく可能性のある店なのである。つまり本当に成功している店は10％にすぎない。

したがって、やる以上は10％の店にならなくてはならない。そのために必要なことは何なのかというと、それは飲食業の特性を理解しなくてはならないということになる。実は、飲食業というのは、飲食業独特の常識がある。なのに、一般社会の常識を基本にしてしまえば、経営で成功の2字は消えてしまう。さて、サラリーマンにはサラリーマンの、家庭の主婦には主婦の常識がある。また、小売業には小売業の、メーカーにはメーカーの常識がある。だが、そのような常識は捨てて飲食業の常識を学ぶ必要がある。さもないと、10％の仲間入りができる店にはなっていけないのである。

『でも』、『しか』『なら』からの脱皮

バーでもやってみようかとか、居酒屋ぐらいならできるのでは、というような人を

※**『でも』、『しか』『なら』族**

という。飲食業は随分と舐められたものだ。だが、こんな考えで成功できるほど、飲食業は甘くはない。どの業界でも同じだが、現代はサバイバル戦争時代なのである。そして、やる以上はそのサバイバル戦争に勝ち残っていかなくてはならない。だから、この甘さではどうしようもないのである。

やる以上は飲食店『を』やりたい、飲食店『で』成功したい、という決意意気込みで参入すべきである。だから、飲食業のことをもっと勉強しなくてはならない。そして勉強の方法はいくらでもある。例えは、

①競合店を視察する↓視察は上辺だけの視察ではダメ
②セミナーに参加する↓無料セミナーだと聴講に身が入らない
③参考書籍を読む↓参考になる書籍は数多い
で勉強は可能だ。特に参考書籍を読み、その上で視察をすると視点が違ってくるはずだ。

反対されたら、開業をやめるのか

最近ではかなり少なくなったが、それでも飲食業というと、特別視する傾向がある。水商売だという感覚がまだ一部に残っているのだろうか。だから、

①女房と娘に相談したら、大反対された↓どうしてもやりたいなら離婚するとまでいわれたので迷っている

②親戚一同が反対する↓潰れやすい商売らしいからやめた方がいいという

③金融機関に相談したら反対された↓これは金融機関が融資を断る時の口述の場合が多いと、とにかく相談した人全員に反対されるので、迷っているというのである。気持ちは分からないではないが、これだけ迷ったり、諦めたりするようでは、決意が不足しているといわなくてはならない。本当に決意を持ってやろうというのなら、金融機関、親戚は別にして家族を説得するぐらいの熱意をもっていなくてはならない。家族の反対というのは、リスクがともなうのではないか、ということからの反対なのである。

私の指導実例の中にも奥さんに離婚された経営者がいる。だが本気なのだということが奥さんに理解され、別れた奥さんと再婚したという人もいる。

親族会議まで開かれ、反対されたのに飲食業界に飛び込んだ私

私事で申し訳ないが、私がこの業界に身を投じたのは、はるか昔である。当時の飲食業界は現在の飲食業界とは雲泥の差で、社会的な地位は低かった。私が初めてこの業界を知ったのは、アルバイトで勤めたのがきっかけである。当然この業界で生きて行こうなどと考えたからではない。だが、1年間のアルバイトで、この業界に魅力を覚えたのである。

私の家系は、代々官吏である。親戚はというと、これも全てが官吏か、官吏に準ずるような堅い親戚ばかりである。父親も私が学校を出たら官吏になるか、企業のサラリーマンになるだろうと考えていたらしい。でも私は「飲食業界で！」という強い決意を持っていたので、怖々ながら父親と相談した。案の定1回では首を縦に振ってはくれなかった。だが、数回相談している内に「そんなに堅い決意があるのなら」と首を縦に振ってくれたのである。

親族はというと全く納得してくれず、親族会議まで開かれたぐらいなのである。そして、その当時としては、比較的大手の飲食企業に就職したのである。企業側も私みたいなタイプは珍しかったに違いない。その後調理者も、支配人も経験し、その後コンサルタントとして独立したのである。私はこの選択に間違いがなかったと確信している。

成功者は、意気込みが違う

彼が私のところに相談にやって来たのは、約5年前である。「カレーショップを開きたい」というのが相談内容だった。この人の経歴は日本でも有数の自動車メーカーN自動車のサラリーマンだった。私が彼に感じた第一印象は、とにかく熱意があるということである。だから知識吸収にも貪欲だった。数回会う内に、この男性は成功するだろうということを確信したぐらいだ。例えば、カレーソースも、自分も私も納得できるものにしたい、ということで数十回テストを繰り返し、決めたという熱心さである。

東京の渋谷区に1号店を出店し、多少の紆余曲折はあったものの、6ヶ月後には繁盛店の仲間入りを果たしている。店でも客に、その熱心さが伝わり、客の支持を得られたのである。そして、この熱心さと繁盛が、ある企業の目に止まったのである。その企業からの申し入れは「同じ名前で展開させてもらえないか」という申し入れだったのだ。つまりフランチャイジーになりたいというのである。現在は、フランチャイジーは5店以上になっており、今後もどんどん増えていくことが予想される。自営店の新設も鋭意準備中だ。これで分かるように、真剣さとか熱意をもってということが非常に大事なことなのだ。

過保護すぎる親が、商売失敗の原因

現代の過保護さは凄い。モンスター・ペアレンツが横行、大学受験に親が付き添う、就職面接にすら親が付き添うようになってきているらしい。このような過保護で育てられた場合、当然何らかの欠点が出るのではないだろうか。

私の事務所へ相談にやって来るクライアントの中にも、そんな過保護育ちの若者がいる。別にそれが悪いとはいわない。だが「これを期にその過保護から脱皮したいと考えている若者」と、「ずっと保護にされていたい」と考える若者とでは、明暗が別れるような気がする。それは、計画進行の中ではっきり現れる。例えば、物事の決定が自身でできる人と、その場では決められず、親に相談してからでなくては決められない人に別れるのである。実は公庫から借り入れをする場合、公庫担当者と面談をしなくてはならない。この面談は、誰の付き添いも認められない。例え親でも付き添って行った場合、他の部屋で待たされることになる。

自身で決められないという過保護の場合、面接の場でそれが会話の端々に出てしまう。そして案の定、融資が却下されてしまうのである。店を開業しようというのだから、これを期に過保護から脱皮することだ。

意気込みのために借金しよう

初期投資に必要な金は全て自己資本でまかなえる。このような相談者も結構いる。だが、このような場合でも、多少は借金をした方がいい。全部、自己資本で持っているのになぜ借金するのかと不思議がるかもしれないが、理由は簡単で

①金融機関に実績を残すため

②金を返さなくてはということで意気込みを出すため

である。借金のない経営では、実は経営に弛（たる）みが出る可能性がある。例えば、ズル休をしてしまったり、営業時間がルーズになってしまったりということが起きがちなのである。借金はそんな弛みを引き締めてくれる。しかも、返済が必要なことで、無駄づかいも減る。

さらに、大事なことは、借入をして返済をするというのは、金融機関に実績が示せるということにつながる。1回借金をしておけば、次は非常に借入れがしやすい。公庫の場合も初回は結構厳しい審査になるのだが、2度目の借入れは実績がものをいう。滞りなくきちんと決まった日に返済していれば厳しい審査にはならないのである。場合によっては、公庫から「資金の需要はないか」と聞いてくるぐらいなのだ。

気持は「支店も持ちたい」ぐらいの気概がいる

店を持てて、そこが何とか叶えばそれでいい。こんな考え方では、やっと持てた店の将来は見えている。繁盛させて支店も持ちたいぐらいの気持ちを最初から持っている必要がある。それが可能なのが飲食業なのである。40年前に小さな居酒屋からスタートして150店の店舗にした経営者もいるし、同じようなカフェチェーンも、カフェレストランもある。

よくあるのは、1店目を開業し一生懸命努力して、やっと繁盛店になった。「また、その一生懸命をしなくてはならないのか」と思うと支店開店を躊躇してしまうというのである。だが、はっきりいって1店目でできた苦労は、2店目は苦労でない可能性が高いのである。支店も持ちたい、できれば支店も増やしたい。このような意気込みは、実は現在の経営にも、いい方に作用するのである。

1号店より2号店は楽な経営になるし、3号店ではさらに楽になるのである。つまり、1号店を成功させるまでが一番大変なのである。「これ1店でいい」というのは1番大変なところを経験し、そこから先のいいところを捨ててしまっていることになる。

■トレンドについての意見は素直に聞こう

意見を聞いたり、アドバイスを受けたりする場合、その相手が自分と同年代になってしまう人が多い。意見とかアドバイスというのは、それを鵜呑みにすることはできないのだが、同年代だとどうしても、同じような意見になってしまう。

そこで考えたいのは、自分と違う年代との会話が必要である。そうした人との会話から思っても見なかった事を発見する人が多いのである。特に、現代のトレンドについては、その感が強い。さらに、実行したいのは、

①電車の中で高校生の会話に耳を傾ける
②電車の中吊広告を注意して見る
③自分とは違う年代に支持されている雑誌を読む
④コンビニエンスストアの人気商品を見る
⑤年代の違う人に支持されている競争相手を視察する
⑥テレビコマーシャルに注意を払う

等々。こうした中からかなりの新しい発見ができ、店のプランニングに役立つはずである。

資金調達の失敗

■資金調達を甘く見ると危険はまぬがれない

資金調達を甘く見ている人は結構多い。知人のアドバイスを鵜呑みにしたり、ネットの情報を鵜呑みにするせいなのか。例えば、

①付き合いが親密な銀行があるから大丈夫だ↓親密度が問題で、定期があるとか、普通預金がある程度では、とても親密とはいえない

②祖父とか父親が付き合っている銀行が相談にのってくれるはずだ

③法人にして代表者が保証人になればリースは可能なはず↓新規の法人では、代表者の他に保証人を求められる

④定期預金を積めば、その倍は貸してもらえるはずだ↓新規借入では無理

⑤内装設備は延払いでいいという業者がいるからなんとかなる↓借入を返済するような長期の延払いにはならず、結果、資金繰りに詰まる

⑥電化製品等は月賦で揃えられるはずだ

等々。だが、どんな商売でも、商売である以上失敗というリスクは隣り合わせなのだ。当然貸付ける側は厳しい審査をすることになり、資金調達がそう簡単にはいかないのである。

開業資金の調達方法を間違える危険

開業に当たって、その資金の一部は借入に頼らなくてはならない。ほとんどの開業希望者にある条件である。問題は借入が可能なのかということである。

まず、借入が可能な機関はどんな所があるのかから考えてみよう。借入または、借入と同等なことができる機関はどんな所があるのかというと、

①銀行
②信用金庫、信用組合
③農業協同組合（JAバンク）
④日本政策金融公庫（かっての国民金融公庫）
⑤各自治体の制度融資
⑥リース、ローン→借入と同等の形と考えていい
⑦キャッシングローン

等がある。だが、キャッシングローンは借入額にもよるが、金利がかなり高いので避けた方がいい。①～⑥の方法で資金調達が可能か、これが開業計画の大事なポイントになる。

■あなたにも『ブラック』があるかも知れない

借入を行う場合、個人法人の別を問わず。あなたや法人の信用が調査されることになる。

①他の金融機関の借入の有無
②借入がある場合のその残高
③消費者金融に借入はないか
③クレジットカードに遅延がないか
④住宅ローンの有無
⑤資産の状況

といったことが調査されるわけだ。当然のことだが、無理な借入があったりすれば融資は却下されることになる。さらに大事なことは、ブラックリストに載っていないかである。例えば、クレジットカード、ローンの支払いに遅延があったりすれば、信用調査機関の『ブラックリスト』に載ってしまっている。他にも、自己破産したり、会社を倒産させたりしていれば、もちろんブラックリストに載ってしまっている。

このような『ブラック』は短いものでも5年、長いものだと10~15年は消えない。

自分では気づかず『ブラック』になっていることも

実際にあったことである。公的機関に500万円の借入を申し込んだ。いろいろな角度から検討し、金融機関には事前相談もした。結果、借入はほぼ大丈夫と判断した。必要書類も提出し、金融機関の面接も終わった。この面接でも借入の可能性は高いと判断でき、後は確定の通知待ちというところまで漕ぎ着けた。ところが、10日後に来た返事は、『今回はご希望にそえません』という却下の通知だったのである。実際には却下された理由が分からないし、借入ができないと開業資金は足りなくなってしまうので、ねばって再度面接をお願いし、面接に漕ぎ着け、理由を聞いたのだが、それは教えられないということなのである。

ここでも粘りに粘ったら、約1年前に住宅ローンが1回遅延したことを指摘されたのである。だが、それはうっかりミスで、次の月に2ヶ月分が引き落とされたものだったのだが、これが結果としてブラックだったのである。

自身も覚えていないくらいのことだったのだが、こんなことでも結果して、それがブラックになってしまう。これについては十分説明して納得してもらった。公的機関に申し込むときは、些細なことでも問題になる可能性があり注意がいる。

■『喜んでお貸ししますよ』は社交辞令

以前に銀行と「すぐではないが、将来飲食店をやりたいと考えているので、その時は貸してもらえるのか」と聞いたら、「喜んでお貸ししますよ」といわれた。だから資金調達は大丈夫だと思う。どんな取引をしている銀行なのか聞くと、普通預金口座を開いているし、定期も数百万円積んであるというのである。その定期は店をやるための自己資本として解約する予定だというのである。でもこの程度の取引では、いくら定期を積んでいるといっても借入は難しいと考えた方がいい。金融機関というのは、取引実績を重んじるところなのである。普通預金がある、定期がある程度では、実績としてみてはもらえないのである。では実績とは何を指すのかというと、

①借入をして、それを返済した

②何か商売をやっていて、その売上が毎日入金されている

というものを指すのである。銀行等がいう、「その時はお貸ししますよ」というのは実は社交辞令にすぎないのである。したがって、実際の計画事案を持って本当に貸してもらえるのかを話に行って、貸してもらえるのかを確認しなくてはならない。

■個人新規開業資金のガードは堅い

銀行、信用金庫等の金融機関は貸し付けるのが一つの商売なのであるが、個人の新規事業資金の借入には、なかなか首を縦に振ってもらえない。ましてや、取引実績がなければなおさらのことで、限りなく100%に近い確率で却下される。強い保証人がいれば、または担保があれば、借りられるのではないかと思うかも知れないが、あながちそうとはいえないのである。担保にしても、銀行の査定する担保価値は、こちらが考えている価値より、かなり低く査定される。例えば、売れば4000万円のマンションなら、3000万円にみてもらえれば御の字である。3000万円の価値に見てもらえても、その80%が担保価値になる。ということは2400万円だ。さらに、貸付はその80%が上限になる。

ということは、約1900万円が担保価値で、かなり低くなってしまう。それでも、それを担保に貸してもらえればいいが、なんだかんだと理由をつけ断られてしまう。またよくあるのは、800万円の借入を申し込んだら、600万円ならと200万円削られた。200万も削られれば、開業時からきつい資金繰りで経営しなくてはならない。うまくいかなくなるのが普通だ。

親からの借入は『贈与』とみなされるかも

資金で不足する分は、きちんと借用書をつくって、父親や祖父から借り入れる。よく相談されることである。ご存知だと思うが、これが借入ではなく、貰うということになると、贈与ということで、贈与税がかかってしまう。贈与税がかからないのは、1年間に貰った金額が110万円以下の場合のみである（2014年）。

贈与税は税率が高く、別掲1のようになる。そこで借り入れるのならいいだろうと考えるだろうが、いくらきちんとした借用書をつくっても、親からの場合は借入と認めてもらえるか甚だ疑問だ。なぜなら、親子の間では見せかけの借用書をつくることなどいとも簡単なことだからである。開業後多額の贈与税をとられることがないよう注意しなくてはならない。親から借りる場合は、親に金融機関に定期を積んでもらい、金融機関から借りるようにしたい。

別掲1

｛贈与額－基礎控除額（110万円）｝×税率－速算表の控除額
※税額表（2014年現在）

控除後の課税金額	税率	控除額
200万円以下	10%	
200万円超～300万円以下	15%	10万円
300万円超～400万円以下	20%	25万円
400万円超～600万円以下	30%	65万円
600万円超～1000万円以下	40%	125万円
1000万円超	50%	225万円

日本政策金融公庫から借入するには

日本政策金融公庫とは、旧国民金融公庫のことである。飲食店を開業する場合の、設備資金を貸し付けてくれる。この公庫の制度の一覧は別掲2である。飲食店の場合、国民生活事業の、生活衛生融資というのを利用することになる。内容はこまかくなっていて分かりにくいが、どのタイプで借りられるのかは、事前に公庫に出向き相談するといい。

新規開業の場合基本的には、

①一般貸付　②振興事業貸付

とに分かれていて、一般貸付というのは、食品衛生指導センター経由で、振興事業貸付というのは、飲食店の生活衛生同業組合経由で推薦書を交付してもらい申込むことになる。

なお、ここには載っていないが、『独立開業貸付』というのがある。但し、これで申込む場合は、1箇所で6年以上、複数店の場合は、10年以上の飲食店勤務経験を必要としている。また借入額が300万円以下の場合には、推薦書は必要としない。ということは、指導センターや組合を経由せず、直接公庫に申し込むことができる。なお、申込める公庫は、店の住所または、自宅の住所を管轄する公庫になる。

別掲２

※制度概要

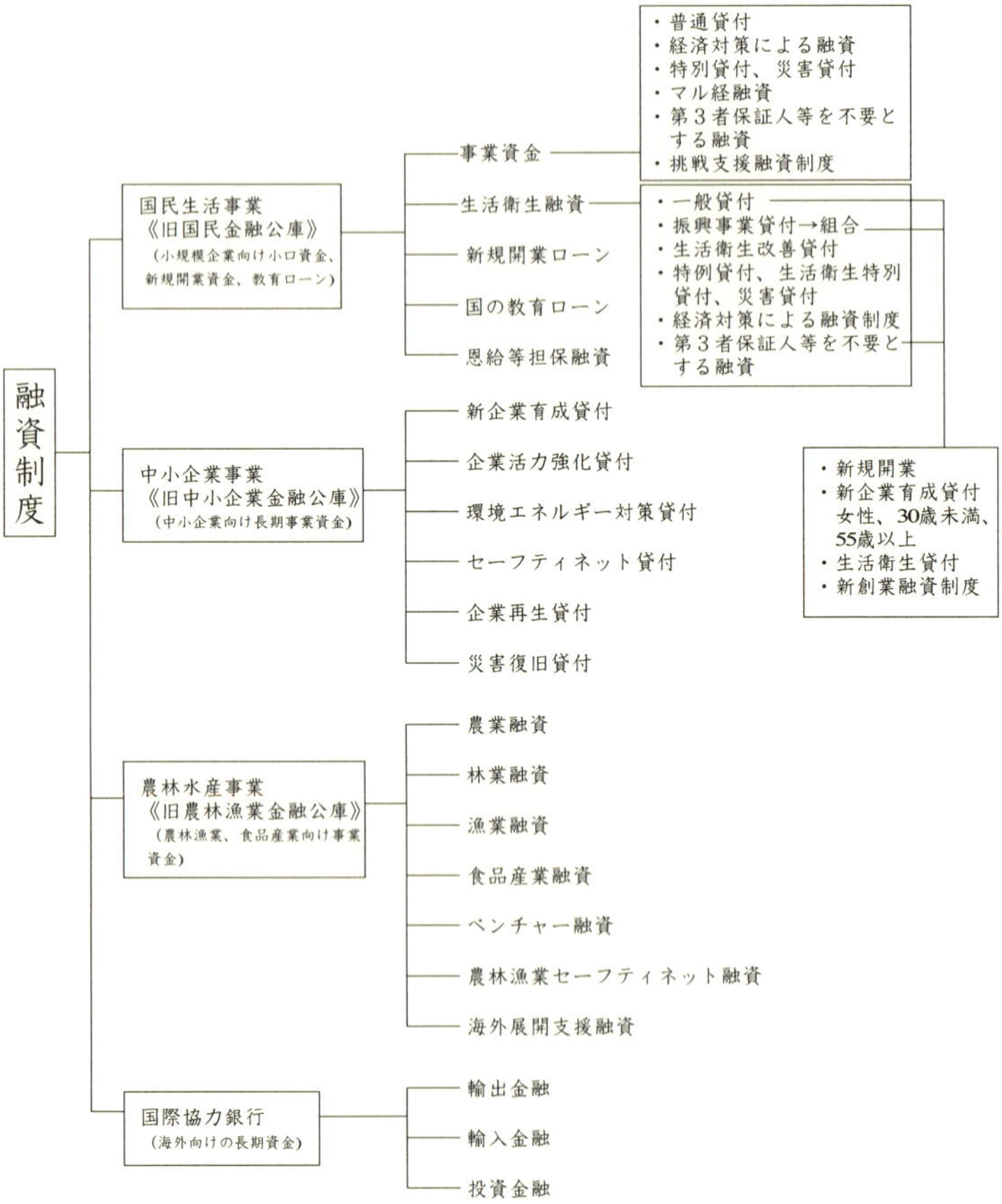
融資制度
国民生活事業
《旧国民金融公庫》
（小規模企業向け小口資金、新規開業資金、教育ローン）
事業資金
・普通貸付
・経済対策による融資
・特別貸付、災害貸付
・マル経融資
・第３者保証人等を不要とする融資
・挑戦支援融資制度
生活衛生融資
・一般貸付
・振興事業貸付→組合
・生活衛生改善貸付
・特例貸付、生活衛生特別貸付、災害貸付
・経済対策による融資制度
・第３者保証人等を不要とする融資
新規開業ローン
国の教育ローン
恩給等担保融資
・新規開業
・新企業育成貸付
女性、30歳未満、55歳以上
・生活衛生貸付
・新創業融資制度
中小企業事業
《旧中小企業金融公庫》
（中小企業向け長期事業資金）
新企業育成貸付
企業活力強化貸付
環境エネルギー対策貸付
セーフティネット貸付
企業再生貸付
災害復旧貸付
農林水産事業
《旧農林漁業金融公庫》
（農林漁業、食品産業向け事業資金）
農業融資
林業融資
漁業融資
食品産業融資
ベンチャー融資
農林漁業セーフティネット融資
海外展開支援融資
国際協力銀行
（海外向けの長期資金）
輸出金融
輸入金融
投資金融

日本政策金融公庫借入に必要な書類

借入に必要な書類は、

①推薦書交付願い
②借入申込書
③創業計画書
④店舗を証明するもの
⑤厨房詳細入り平面図
⑥内外装、設備等の見積書

になる。①～③までは公庫指定のものになるので、管轄の公庫に出向きもらうことになる。次に④の店舗を証明するものだが、契約が済んでいるならその契約書、借りる話が進んでいるなら、不動産業者の『重要事項説明書』があればいい。もしないなら、不動産業者の物件案内でもいい。次の⑤は作成しなくてはならない。⑥については⑤に合わせて業者に作成してもらわなくてはならない。なお、見積書が揃えられないものでも、冷暖房設備とか厨房設備のようなものはカタログでもいいことになっている。

日本政策金融公庫の借入手順とポイント

公庫借入の手順は、別掲3になる。借入確定までに必要としている日数は、公庫各支店により異なるが、最短で15日～20日程度は必要としている。借入が可能か否かのポイントになるものはいくつかあるが、第一は自己資本である。これがあまりにも少ないと、却下される要因になる。少なくても3分の1以上の自己資本があることが望ましい。

次のポイントになるのは創業計画書だ。中でも売上計画とか、経費計画の数字部分は間違いのないようにしなくてはならない。次に面接だが、面接はだいたい60分～90分かかるのが一般的だ。いろいろな質問が出るので、それに明快に答えなくてはならない。また、面接の時の服装とか、態度も重視される、あまりにもラフな服装はよくない。そして最も大事なのは自己資本の証明である。根拠になる預金通帳は必ず見せなくてはならない。これはタンス預金では通らない。

次にポイントになるのは、ブラックがついていないかである。これがついていると、100%却下されるので注意がいる。なお、保証人をつけて借入れる場合だが、保証人にブラックがついていたりすると、これも却下させる原因になる。

なお、借入額が減額される場合もある。このような場合は、なんとか満額にならないか、粘っ

てみる必要がある。それでも減額された場合は、その減額分をどうするのか、その処置を説明しなくてはならない。例えば、

①減額分は厨房設備をユーズド（中古）に変える

②減額分は親から援護してもらう

というような説明が必要だということである。

別掲３

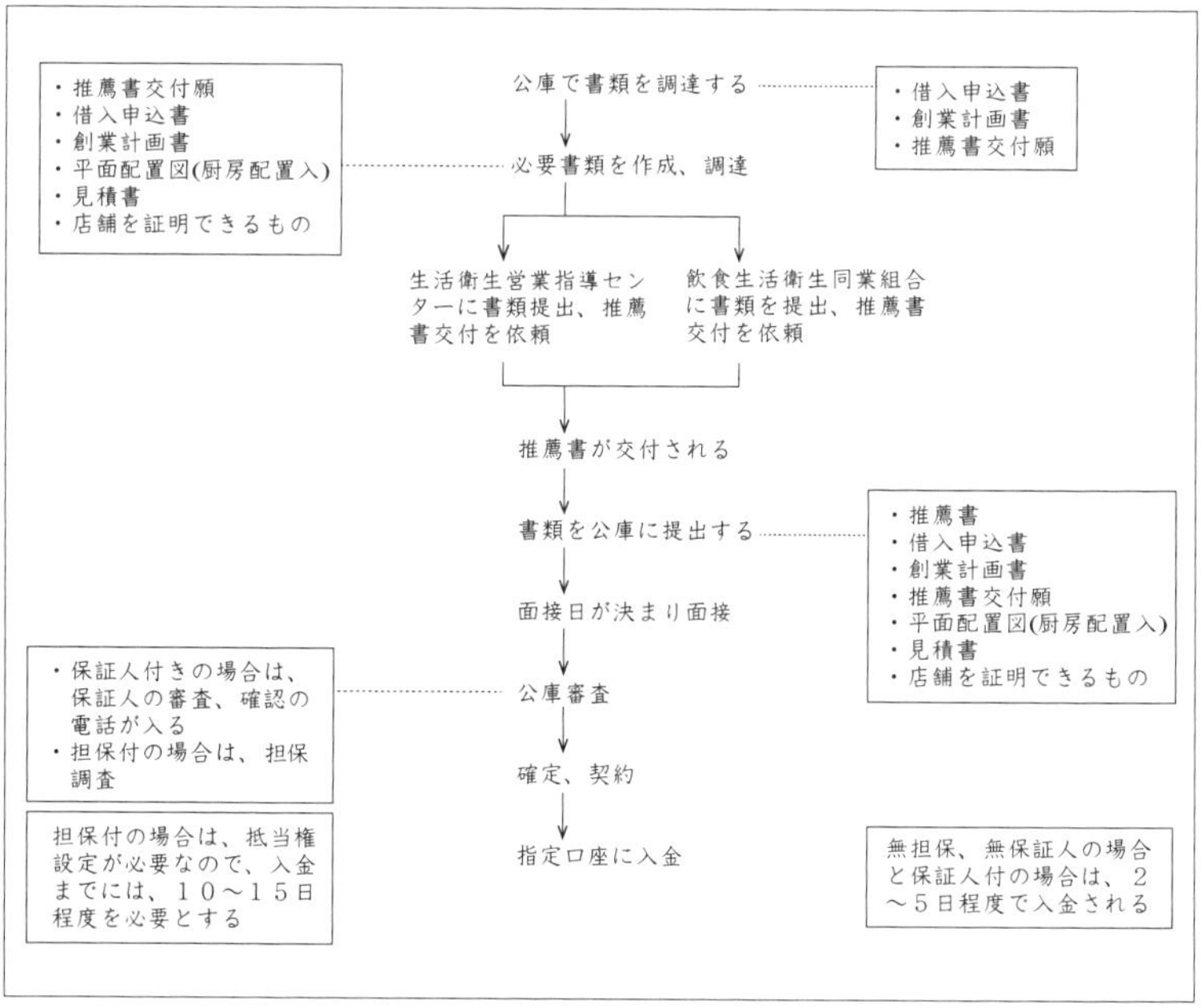
・推薦書交付願
・借入申込書
・創業計画書
・平面配置図(厨房配置入)
・見積書
・店舗を証明できるもの
公庫で書類を調達する
・借入申込書
・創業計画書
・推薦書交付願
必要書類を作成、調達
生活衛生営業指導センターに書類提出、推薦書交付を依頼
飲食生活衛生同業組合に書類を提出、推薦書交付を依頼
推薦書が交付される
書類を公庫に提出する
・推薦書
・借入申込書
・創業計画書
・推薦書交付願
・平面配置図(厨房配置入)
・見積書
・店舗を証明できるもの
面接日が決まり面接
・保証人付きの場合は、保証人の審査、確認の電話が入る
・担保付の場合は、担保調査
公庫審査
確定、契約
担保付の場合は、抵当権設定が必要なので、入金までには、１０～１５日程度を必要とする
指定口座に入金
無担保、無保証人の場合と保証人付の場合は、２～５日程度で入金される

リースの利用も可能

リースというのは、設備を借りて、その費用を決めた期間で払っていくというやり方で、結果としては借入と同じ結果になるという設備等の設置方法である。

期間は5~6年というのが基本的な期間になる。例えば、300万円の設備をリースで設置するなら、これに金利分をプラスして、5年（60回）、6年（72回）で割った分を毎月払っていくということになる。支払ったものを経理処理は経費として計上すればいい。

さて金利だが、リース会社により差はあるが、年利1・8から2・0%程度なのでさして高い金利とはいえない。この場合、設備等はあくまでもリース会社の所有になる。したがって、リースの期間が終了すると基本的にはリース会社に返すという形になるのだが、リース期間は延長することができる。期間延長の場合は、年間に1ヶ月分のリース料を払えばいい。

リースには、当然審査があり、誰にでもリースしてくれることにはならない。例えば、他のリースが多額に残っていたりすれば、ローン等が多額にあったりすれば、リース審査は通らないので注意がいる。なおリースの場合、保証人をつけなくてはならない可能性が高いので、あらかじめ保証人を決めておいた方がいい。

各自治体の貸付制度を利用するには

これは各自治体が貸してくれる制度で、貸し付けてもらえる上限金額とか金利はその自治体により差がある。ただし、これは各自治体が直接貸し付けてくれるわけではなく、窓口は一般金融機関になる。同時に信用保証協会の保証をもらわなくてはならない。当然公的機関なので、厳しい審査が、自治体と、保証協会で待っている。日本政策金融公庫と比べると借入までの期間がやや長い。なお、注意事項が多いので、事前相談をしておく必要がある。貸付実施までの期間は自治体により異なるが、東京都の場合には、貸付が実施されるのは、工事が終わり、自治体の検査が終わってからになる。

なお、設備は見積を提出しているので、その設備が設置されていなくてはならない。異なるものが設置されていると、検査が通らず、せっかく通っていた融資が却下される場合があるので注意がいる。この場合困るのは、工事等が終わって検査後の融資になる点で、実際にはそこまでに払わなくてはならない設備や工事などの資金が窮してしまうということだ。したがって、あらかじめ金融機関にそれまでの資金をつないでもらわなくてはならない。そこで、自己資本のあるところまでは払い、後は融資がおりてからという交渉をしてもいい。

そんな計画書では通用しない

金融機関に借入を申込む時、必ず必要なのが事業計画書である。「金融機関は担保を重視する」、「保証人が重要になる」という物知り顔のアドバイザーがいる。当然それらも大切な要素の一つだが、いくらいい担保を持っていても実際には借入が却下されてしまう例は多々ある。仮に、返済が滞（とどこお）ったりしたら、担保を処分すればいいのではないかと思うかも知れないが。金融機関はそう簡単に担保の処分などできない。そんなことをしたら、たちまち世間から叩かれることになるからである。そこで大事になるのが、事業計画書と借入者の（法人の場合、法人代表者）の人格資質なのである。なのに、事業計画書を見せてもらうと、まったくその呈をなしていないものが多いのである。例えば、こんなコーヒーが売りたいとか、こんな料理が得意だから、それが売りたいとか、家庭的なサービスで独身男性を狙いたい、といった夢が記されているのが多い。もちろん、そのようなことも必要なことだが、肝心なことは数字なのである。売上はどの程度見込め、その根拠にしたものは何なのか、その売上に対して、かかる経費の詳細はどうなるのか、そして利益は見込めるのか、返済は可能なのか、といったことが明確にしてある計画書が必要になるのである。

■借りる話より返せる話をポイントに

借入をする場合、どうしても借りる事ばかりが中心の話し方になってしまいがちである。しかし、本当に必要なのは、こうなるから必ず返せるという話なのである。そのために数字が必要になるわけだ。金融機関というのは、数字社会なのである。したがって、美文名文だけが並べてあるより、数字がしっかりしていることでかなり信用してもらえるのである。かつての金融機関は、飲食業にはほとんど貸付ていなかった。したがって、飲食店の経費体質等には疎かったのだが、現代はまったく違い飲食店にも貸し慣れている。飲食店に対する知識もかなり豊富だといっていい。

ということは、無謀な数字を出すわけにはいかない。同時に数字社会であるだけに、数字は厳しくチェックされる。したがって、計算ミスのないよう十分注意したい。

さて、女性の開業希望者には、数字に弱いという方が多いが、これでは通らない。参考書等で勉強して事に当たる必要がある。また、数字なんて役立たない、などとうそぶいている人も結構多いが、数字が分からず利益の出し方など分かるはずがない。これからは、このような概念は捨て、数字だけでは役立たないという考え方に変えていく必要がある。

借入は怖くない、借入条件が問題だ

借金するのは怖いから、できるだけ自己資金だけで開店したい。このような事をいう人は多い。でも、私にいわせれば、無理矢理、自己資本だけでやろうとしたばっかりに、

①貧相で客に納得されない店をつくってしまう
②かなり古い中古設備を設置してしまう
③必要な厨房設備を我慢してしまい、能率効率が悪くなる
④開店の時、資金繰りが悪くなってしまう

といったことの方がよっぽど怖いといえるのだ。現代は、かってない低金利時代が続いている。余程おかしな借入先を選ばない限り、金利負担が大きすぎてダメになるというようなことは考えられない。ただし、問題にしなくてはならないのが、返済方法である。

借入はまず、据置期間を取ってもらう必要がある。据置期間というのは、金利だけ支払い元金返済を猶予してもらう期間のことで、最低でも6カ月、理想的には12ヶ月あるといい。さらに、返済期間があまりにも短期では返済の資金繰りが忙しい。できれば、5~7年前後にしておくべきである。

人間誰しも弱い面があるが、借入はできるのか

開業計画の中で借入しなくてはならない場合、公庫等に借入を申込むということになる。この場合、果たして借りられるのかという不安に陥ることになる。そこに、

※公庫借入代行→成功確率90％以上→借入は成果報酬です

というような広告がウェブサイトの中に見つかる。このような広告を見ると、不安だったことなので、それに飛びついてしまう。だが、公庫の借入は代行が認められていない。借入の際公庫の面接でいろいろな事が聞かれるが、その面接には例え親でも随行同席は認めてもらえないのである。

次に成果報酬とあるが、これは4～5％程度らしい。ただ聞いたところによると、10％になるところもあるらしい。仮に500万円借りるとしたら、少ない場合でも20～25万円で、結構高いものにつく。例えばあやふやなところがなく、自己資本もあり、他の金融機関からも無謀な借入もない、しっかりとした創業計画がある、ということになれば、公庫から借入られる確率はかなり高いのである。私のオフィスの例だと、提出書類の作成、面接時のシュミレーション等のアドバイスが中心で、その費用は多少かかるが、他の費用など一切出ない。

騙されやすい物件探し

よく出る不動産用語は勉強しておけ

不動産業界独特の用語がある。これはある程度勉強しておく必要がある。分からないままに空返事をしたりすると、後日後悔することになるので注意がいる。

別掲4

言葉	解説
居抜き	前の賃借人が、商売をやっていて、内装設備がしてあるまま引き渡される店舗のこと。
居抜代、資産譲渡	居抜きの店舗にある、内装設備等の買取料金のこと。
エクステリア	建物の外観のこと
壁芯計算	壁には厚みがある。壁の中心から面積等を計算すること。
管理会社	家主に代わって、その店舗を管理している不動産会社。
管理費、共益費	家賃にプラスして払うもので、共用部分の電気代、清掃代、建物の補修費等に当てられるもの。家賃に含む場合もある。
協力金	保証金と同等の考え方のものだが、保証金は預託金だが、こちらは貸付金になる。
契約面積	実際面積に、共用部の負担分がプラスされたもの。物件案内書に表示されているのは、この面積。
現況有姿、現状有姿	店舗等を内見した時の状況をさす。
現状復帰	店舗を借りた時と同じ状態で返すことをいう。したがってスケルトンで受け取ったらスケルトンで返すことになる。
更新料	契約期間が終わっても、そのまま更新して使用するために支払うお礼的なもの
交渉金	家賃、敷金等の値段を交渉したり、他の条件を交渉したりするのに支払うもので、預託金になる。
公正契約	公正役場で、公証人を立会人としておこなう契約。別に賃借人が不利になるようなことはない。
敷金	店舗等を借りるため家主に預託するもの。
敷引き	撤退時に敷金から差し引かれるもの。関西側で使われる言葉。
重要事項説明書	借りる店舗等の条件等か詳細に記されている書面。
事務所仕様	借りる物件が事務所として仕上がっている状態のこと。
償却	撤退時に敷金、保証金から差し引かれるもの。普通はこの言葉が使われている。
スケルトン	まったく仕上げがされていない、コンクリート等が打ちっぱなしの状態。
手付金	その物件を借りるために支払うもの。敷金、保証金等の20%以下。
仲介手数料	通常は家賃の一ヶ月分。ただし、居抜代がある場合%で計算される。
フリーレント	家賃を必要としない期間のこと。
保証金	敷金と同等のことで、家主に預託するもの。
保証会社	保証人の代わりをしてくれる会社。保証会社必須となっていれば、必ず保証会社を使えということ。
マイソク	物件の詳細が記された、物件案内チラシ的なるもの。
礼金	家主に払うお礼的なもの。これは撤退時に返却されることはない。一種の風習的なもので意味は不明。
連帯保証人	その賃借を連帯して保証する人。保証人は必ず必要だが、いない場合は保証会社に依頼が可能。保証料が必要になる。

店舗探しのコツを知れ

店舗を探すのは結構大変な作業となる。第一の方法としては、不動産業者に依頼するという方法である。まず、出店したい地域を決め、その地域の不動産業者に依頼するといい。この場合重要なのは、不動産業者に出向いた方がいい。なぜならば、このようにすれば、その業者の様子もはっきりするし、担当する人の人柄も分かるからである。なおこの場合、複数の業者に依頼することはない。物件はオンライン化されているからである。次の手段としては、自分の足で探すというやり方である。地域をくまなく歩けば、貸店舗の貼り紙にぶつかるはずである。なお、この場合でも不動産業者を通すことはいうまでもない。

次の手段として考えられるのは、ネットから探すという方法である。インターネットには数多くの不動産業者が、物件を紹介している。ただし、ここで見つけた場合でも、業者と事前に会っておくべきである。よくあるのは知人の紹介で不動産業者は介在していないという例だが、このような借り方は、すべてを家主と直に話すことになるので、後日トラブルが起きやすい。不動産業者を介在させた方が、すべてのことが不動産業者を通してできるのでトラブルは起きにくい。

中には悪い不動産業者もいる

本当にあった例でお話ししよう。その店舗は居抜きで、

①規模12坪、居酒屋の居抜き
②家賃20万円
③敷金8ヶ月、礼金1ヶ月
④資産譲渡（居抜代）150万円

となっていた。物件の中を見にいくと、他にも希望者が来ていた。厨房設備も使えそうだし、内装等も多少の手直しで使えそうな店舗だったので、3日後に借りたい趣旨の電話をした。ところが、現在3人以上の人が希望しているので、借りるのは難しいかもという返事が返ってきた。そして次にいわれたのが、3人の希望者の内1人が資産譲渡代は170万円でもいいから借りたいといっている。だから、それを170万円以上にしてくれるなら、話し合いができるというのだ。このように値段を釣上げてくるのはおかしい限りだ。したがって、やめることにした。ところが、4日後に170万円でもいいという。その人は資金調達ができなかったので、こちらに借りてくれといってきたのだ。断ったことはいうまでもない。

貸主側に対し、必要な確認を怠るな

店舗を借りる場合、いろいろなことを確認しておかなくてはならない。確認を怠ったために不利になった例は結構あるので注意がいる。

①営業時間制限→ビジネスビルの場合制限がついているビルもあるし、マンションの1階の場合、深夜はダメというのもある

②営業日制限→ビジネスビルの場合制限がついているビルもある

③音響の制限→生演奏をする場合は確認が必要で防音をするよう要求される可能性がある

④電気、ガスの容量→容量が不足すれば、商売に支障が出る

⑤メニューの制限→特に臭いの強いメニューは制限される可能性あるので、あらかじめメニューの大綱は提示しておいた方がいい

⑥看板等の制限→ビルによっては外観を統一するため、看板に制限がつく可能性がある

⑦厨房排気の件→ダクトが付いていれば問題ないが、付いていない場合、どこに排気していいのかの確認がいる

⑧犬走りの使用方法→犬走りが付いている場合、それは使用していいのか確認がいる

賃貸借の方法は多種多様

店舗の賃借方法は多種多様である。例えば、借りるために家主に預託するものも、敷金になっている場合もあれば、保証金になっているものもある。この二つは何が違うのかというと、両方とも借りるときに預託し、撤退する時に返却されるので、まったく同じと考えていい。この保証金、敷金以外に協力金（保証金となっている場合もある）というのがある。例えば、

①協力金、または保証金500万円
③10年据置、以後10年均等返済
④20％は敷金に充当

となっていれば、入居時に500万円必要で、11年目から20％を引いた金額を10年で返却してくるという意味になる。

このようになっていれば、これは協力金で、保証金等の預託ではなく、家主側に貸し付けたということになる。この方法が採用されているのは、駅ビルとか大手企業体のビルに多い。大きな特徴は、敷金、保証金よりはるかに高くなっていることである。

協力金は得か損か

家賃は毎月払うものだから、安い方がいいが、保証金とか協力金はのちに返却されてくるものなのだから、安全だし多少高くてもいい。実はこのような考え方をするのは、初めて商売をする人に多い。だが、保証金、敷金はのちに返ってはくるが、店をやめるまでは返ってこないので、そこに金（かね）は無金利で寝てしまうことになる。協力金でも10年は寝てしまう。このようなものは値段が低い方が有利なのである。

預けている場合、本来なら金利を生む金なのである。したがって、金利を考えておかなくてはならない。さらに、金の価値というものが変動することも考えなくてはならない。ずっと続いてきたデフレは、平成25年安倍政権のもとで、インフレ政策に転換していく傾向が高く、それはもう始まっている。インフレ時代になれば金の価値は下がる。10年も経過すればかなり下がることになる。これも考えの中に入れておかなくてはならない。協力金というのは、保証金、敷金と比べると、かなり高くなっている。ということは、価値の目減り分、金利等を考えた場合、あまり得とはいえないのである。インフレ時代は、『金はその時の価値』で使うというのが大事なのである。すなわち保証金、敷金、協力金は低い方が得になる。

■定期借家契約は再契約の約束がいる

店舗の借り方の一般的なものは、一般賃貸借契約である。だが借り方が全部この方法になっているとは限らない。10年位前から多くなってきているものに、

※定期借家契約

というのがある。一般賃貸借というのは契約期間が決められていて、それは2年とか3年になっている例が多い。ただし、これは契約を更新することができるので、契約期間が過ぎたら出ていけということではなく、期限がきたら更新ができる。ある意味ではずっと契約は続くということになる。更新料は通常家賃の1～2ヶ月分というのが普通だ。

また、更新料が保証金のパーセンテージで決められている例もあるし、これは不要というのも稀にある。ところが定期借家契約というのは、契約の更新ができず、契約期間が過ぎたら再契約ということになる。悪く考えれば、再契約は断られる可能性もあるし、敷金等の上積みを要求されることもある。こうなると、かなりの投資が必要になる。仮に3年契約で再契約を断られたりしたら、たまったものではない。そこで、この場合は再契約が確約されていなくてはならない。それも口約束でなく書面で確約されていなくては危険だ。

転貸借は危険がいっぱい

転貸借というのは、分かりやすくいえば『また貸し』のことである。転貸借は分けると、
①無断転貸借→家主には内緒で『また貸し』すること
②承諾転貸借→家主が承諾している『また貸し』
がある。このうち、承諾転貸借は家主が認めているわけだから、別に問題はないのだが、それでも、直に家主から借りている方にトラブルが発生し、そこを撤退することになった場合は、必然的に転貸借も終了することになる。家主が承諾しているわけだから、家主と話し合って、その時は直に契約してもらえるよう、交渉しておかなくてはならない。

さて問題なのは、無断転貸借である。このようなことは時間が経つとバレてしまうのが普通だ、そうなれば家主と契約している人は当然無条件で解約されても仕方がない。当然、転貸借側も無条件で撤退しなくてはならず、かなり危険なことだといわなくてはならない。

さらに問題なのは、借入を必要とする場合だ。一般金融機関にしても、公的金融機関にしても、この契約では、貸付てくれることはまずあり得ない。実際には承諾転貸借でも、金融機関はあまりいい印象として捉えてはくれない。

外部ダクト費用が足らなくなった

飲食店の場合、厨房の排気がドラブルになる例は多い。特に強い臭いの出る業種、例えば、焼肉店、もつ焼き店、焼鳥店などは、注意しなくてはならない。外部に直に排気してもいい、と家主の承諾を得たにしても、近隣からクレームの嵐になる可能性がある。実際に役所から改善を要求されたという例も結構あるのである。

通常飲食店に貸す場合、ビルは建築の段階で屋上までダクトがついているのが普通なのだが、事務所や物販店に貸すつもりだったという場合、そのような処置はされていない。この場合は家主から、ダクトは外部で屋上まで上げてほしいという要求が出ることが多い。この場合の問題はその設置費用である。当然テナント側で工事をしなくてはならない。それも屋上といっても3階建程度ならいいが、8階建ということになったら、ダクトの費用は膨大なものになる。ダクトそのものは高くないが、設置のための足場代が高くなるのである。数百万かかった例はざらにあるのだ。もし外部ダクトは屋上までといわれたら、安易に返事してはならない。いくらかかるかをはっきりさせてから借りるのが懸命である。借りてしまって、そのため開業資金が不足してしまうのでは、その後の経営にも影響が出る。

開業日に電気ブレーカーが落ちる

開業日のランチタイムを迎えた。そして、満卓状態になった。客が入るかどうかを心配していたが、ほっと胸を撫でおろした。ところが、その瞬間にトラブルが発生したのである。電気のブレーカーが落ち店内は暗闇と化したのだ。店内はパニック状態に陥ってしまった。

このようなことが起きた原因はいろいろなところにある。
①本来なら電気工事の際、電気容量が計算されていなくてはならないのだが、なされていなかった→しっかりした設計者がついていれば、このようなことは起きない
②電化製品を増やしてしまい一ヶ所のコンセントにタコ足状で差してしまった
③電気工事にミスがあり、ショートとか漏電が起きている
と多種多様な原因があるわけだ。このような場合、工事業者に欠陥がないかを徹底チェックさせる必要がある。また、使用量が多過ぎて、起きたことだというのであれば、
①コンセントを増設する
②電化製品を電気容量の少ないものにするか、一部の使用を止める
ということを考えないと、何回でも同じことが起きてしまうことになる。

電気容量は確認しておかないと大変なことになる

電気というのは、

①単相100ボルト

②単相200ボルト

③3相200ボルト

単相100ボルトというのは、普通家庭が使っているもので、照明器具、家電製品などは、ほとんどがこの単相100ボルトになる。次の単相200ボルトは、100ボルトが2線で配線されているのに対し、3線で配線されている。ボルト数が高くなるので強力な電源になる。次に3相200ボルトだが、これは大型の電化設備とか、冷暖房に使用する業務用の電力である。飲食店として借りる場合、この電気の容量が大事になるので、その容量を確認しておかなくてはならない。

業種別に必要な標準的な電気容量は、別掲5になる。これが不足すると、必要な電化設備が設置できないということにもなりかねない。もし不足するようなら、増設が可能か否かを確認しなくてはならない。

なお、ビルの場合は、ビルに引き込んだ容量があり、その容量が各階に配分されている。

したがって、簡単には増やせない場合が多いので注意がいる。

ただ、電気容量はただ多ければいいというわけではない。なぜならば、契約する容量によって、基本料金が異なるからだ。したがって、電化設備等に必要な電気容量を計算して、適正な容量の契約にしなくてはならない。

別掲５　単位：アンペア

業種	５坪	１０坪	２０坪	３０坪
カフェ	３０	４０～５０	６０～８０	６０～８０
カフェレストラン	規模的に無理	５０～６０	６０～８０	９０前後
レストラン	規模的に無理	６０	８０	１００
バー	３０	４０～５０	６０	６０
ダイニング・バー	４０	６０	６０～８０	６０～８０
居酒屋系飲食店	４０	５０～６０	６０～８０	６０～８０

単相 100 ボルト

業種	５坪	１０坪	２０坪	３０坪
カフェ	３０	３０～４０	６０	６０
カフェレストラン	規模的に無理	３０～４０	６０	６０
レストラン	規模的に無理	６０	６０	６０
バー	３０	６０	６０	６０
ダイニング・バー	３０	６０	６０	６０
居酒屋系飲食店	３０	６０	６０	６０

3 相 200 ボルト

ガスは引かれていればいいわけではない

ガスは引かれていれば、どんなガス機器でも使えると思っていないだろうか。実はガスにも、付いているメーターにより、使える能力に制限があるのである。飲食店の場合、家庭で使っているようなガスコンロとは、かなりガスの消費量が異なる。ちなみに家庭用のガスコンロは１口で４０００㎉程度だが、業務用の場合には１００００～１２０００㎉になる。したがって、別掲６程度の能力が必要だということになる。もし、不足するならメーター交換をしなくてはならない。ただし、ビルによっては、メーター交換ができない場合もあるので注意がいる。

別掲６

業種	５坪	１０坪	２０坪	３０坪
カフェ	５万 k cal	５～７万 k cal	７～８万 k cal	８～10万 k cal
カフェレストラン	規模的に無理	８～９万 k cal	10～12万 k cal	12～14万 k cal
レストラン	規模的に無理	９～10万 k cal	12～13万 k cal	15万 k cal
バー	５万 k cal	５～６万 k cal	７～８万 k cal	８～９万 k cal
ダイニング・バー	６万 k cal	６万 k cal	７万 k cal	８万 k cal
居酒屋系飲食店	６万 k cal	９～10万 k cal	12～13万 k cal	15万 k cal

店舗内見のポイント

店舗を借りる時は、その店舗を内見しなくてはならない。それも、かなり綿密な内見が必要である。さっと見ただけで、肝心なところを見ていない例がよくある。では、何を見たらいいのかというと、居抜きの場合は多岐に渡るのでポイントは次の項で述べるものとして、スケルトンや事務所仕様の店舗の場合、ポイントになるのは次の点である。

①水漏れの跡はないか↓壁面、天井部
②天井高が低くないか↓最低２３００㎜は必要、理想的には２４００㎜以上
③梁下が低すぎないか↓最低２１００㎜は必要、理想的には２２００㎜以上
④異臭はないか↓カビ臭、その他の異臭
⑤インフラは大丈夫か↓給排水、給排気、電気、ガス等
⑥隣接建物状況↓状況によっては店内換気すら難しい場合がある
⑦冷暖房の室外機、給湯機の設置場所↓設置場所によっては、費用が高くとか、機種に制限がつく

……といったところがポイントになる。

居抜きの店に「なんで辞めたのか」と聞くのは愚の骨頂

居抜きの店を借りる場合、資産譲渡が付いている場合と、付いていない場合がある。資産譲渡がついている場合、それを譲渡する側と条件交渉等で会うことになる。こんな場合に、「どうして辞めるのですか」と聞く例が多いが、この質問は愚の骨頂である。なぜなら譲渡するのに不利になるようなことはいうはずがないからである。これは、何かを買うときに、『これはすぐ壊れるようなことはないか』と聞いているのと同じだ。店舗の場合、

①年をとったから辞めます
②体調をこわしたから辞めます
③店を大きくするために辞めます

というような、当たり障りのない理由がついているのが普通だ。実際には、そのほとんどが、経営不振のための撤退だと考えた方がいい。だが、それでも全くかまわない。なぜならば、店の内容をグレードアップして再開すれば、蘇生することは可能だからである。問題は、設備の欠陥があって、例えば排水が詰まるというようなことで辞める場合である。したがって、そのような点は十分にチェックしなくてはならない。

居抜きだったため安くできたに騙されるな

雑誌とか、インターネットで見ると、

『居抜き店舗を借りたので安くできた』といった記事に頻繁にお目にかかる。鵜呑みにし、相談にやって来る人は多い。店舗を見せてもらうと、あながち安くできるとは限らないものも結構多いのだ。居抜きで資産譲渡代がついている場合、まずその資産がどの程度使用できるものなのかをしっかり判断しなくてはならない。居抜きの場合、

①厨房設備があり、そのほとんどが使え、追加する設備はない

②付帯設備は使用できる→給排水、給排気、電気、ガス等

③内装の下地はほとんど使えるので、化粧（壁紙等）だけ直せばいい

といったことになれば、それは買う価値があり、譲渡代が安ければ、初期投資を抑えて開業することが可能になる。だが、厨房設備の一部は取り換えなくてならない、使いにくそうなので配置を変えなくてはならない、また内装の下地等もかなりガタがきているので、下地からやり直さなくてはならない、というようなことになれば、実際には安くできるかどうかは疑問なのだ。したがってこれは的確に判断する必要がある。

資産譲渡は目録がいる

居抜きで店舗を決める時に注意がいるのが、見た時はあったのに、設備の一部とか、置いてあった装飾品、壁画等がなくなっているという例である。物件案内書には、

※現況有姿での引き渡し

となっている場合、これと、これは付いていないという説明がない限り、このようなことが起きれば契約違反である。そこで必要になるのが、資産譲渡の中に含まれているものの目録である。特に、

①壁画、ポスター
②装飾小物、スタンドランプ
③小型の家具→装飾棚、装飾のテーブル等
④食器類→皿、カップ、グラス等
⑤シルバー類→ナイフ、フォーク、スプーン等

のようなものは簡単に持って帰ることができるので、きちんとした目録にしておかないとなくなっていることが多い。

居抜き店のチェックリスト

居抜きの店の場合、チェックを怠ると、結果として初期投資を抑えられないことになる。なお、居抜きの場合は、現在の店が廃業届を出してあるか確認しておいた方がいい。

別掲 7-1

項目	摘要
店閉まいしてからの経過年数	閉めてから経過年数が長いと、設備等が正常に作動しない場合がある。またカビが発生していたりする例も多い。6ヶ月以上経過していたら要注意。
店内に異臭はないか	程度問題だが、多少なら店を再開すれば消える可能性が高い。よくあるのは、下水臭、壁面下地等の腐敗臭。原因を究明して改善しなくてはならない。
トイレに異臭はないか	ほとんどが排水臭。臭気弁（通気弁）が付いているか確認。なければ設置。また換気が悪いため起きている例も多い。
壁面に凸凹はないか	壁面の下地がしっかりしていれば、凸凹はないはず。凸凹がなければ、その下地が使用できる。凸凹があれば、下地を調整しなくてはならない。
天井に落ち込みはないか	天井が落ち込んでいたりしてないか。そのような場合天井下地を調整しなくてはならない。できれば、照明配線等もあるので、ボード、クロスは貼りなおした方がいい。
床に凸凹はないか	床は現在の床の上に、新しい床材を貼ることができる。しかし凸凹があれば、下地を調整しなくてはならない。
椅子テーブルに破損はないか	例えば、グラつき、木部等のささくれ、貼り地の破損等があれば、修理しなくてはならない。修理は現場ではできず、工場に運んでやることになるので結構費用がかかる。

別掲 7-2

項目	摘要
平面配置に手直しが必要か	やたら厨房が大きかったり、デッド・スペースが多いと、平面配置を変えなくてはならない。この場合かなり大がかりなリニューアルになる。
厨房は防水してあるか	1階で地下はないという場合は、防水しなくても、あまり問題はおきない。また、水は流さないドライ・キッチンにするなら防水は不要で、長尺塩ビシートを貼れば、あまり問題はない。しかし、ウェット・キッチンにするというのであれば、防水は不可欠。
グリーストラップは設置してあるか	これが設置してないと排水がつまる怖れがある。なければ、設置した方がいい。（床置き型も可）
排水は正常に流れるか	見た目では分らないので、一度に大量の水を流してみる必要がある。詰まりがあるようなら、直せるか否かの判断をしなくてはならない。
ガス容量は足りているか	現在まで営業していたのだから足りていると考え勝ちだが、ギリギリでやっていたかも知れないし、ガス機器を増やしたら不足するかも知れない。
単相100Vの電気容量は足りているか	どんどん電化が進むので、ギリギリという訳にはいかない。増設できればよいが、ビルの場合不可能な場合がある。不可能な場合は、電化製品は増やせないし、不便な営業になる可能性がある。
3相200Vの電気容量は足りているか	冷暖房とか大型の電化製品に使用する電気で、これもあまりギリギリだと電化製品の導入ができない。
冷暖房設置後の経過年数	まず運転してみなくてはならない。そして動かない場合は修理できるか、チェックしてもらう必要がある。なを、設置後5年以上を経過していれば、その時点で動いても安心できない。いずれにしても、洗浄等のオーバーホールをしなくてはならない。
冷暖房の能力	冷暖房能力が不足していては、客から支持されない店になってしまう。事務所とか物販店に使っていたものだと、能力は不足する可能性がある。
厨房排気の状態	ビルでダクトが引かれていて、屋上で排気している場合は問題ないが、直に外部へ排気しているような場合、近隣からクレームがついている場合がある。できれば近隣の確認が必要。
厨房設備設置後の経過年数	厨房設備が設置後6年以上経過している場合は要注意。開店後次々に故障する可能性がある。いずれにしても、オーバーホールは必要。
リースまたはレンタルになっている設備はないか	リースになっている設備は、リース会社と話し合いをする必要がある。そのままにしておけば、引き上げられてしまう。また、レンタルのものも同じで、レンタルしてくれている先と話し合っておかなくてはならない。
天井、壁面に染みはないか	あれば、水漏れの可能性がある。水漏れはその箇所の発見も難しく、直すのも難しいので注意がいる。

条件交渉はしてみよう

店舗を借りる場合条件を交渉してみよう。例えば、敷金、保証金、礼金を下げてもらえないかという交渉である。他に借りたいという人が数多くいれば別だが、交渉に応じてもらえる可能性は大である。

また資産譲渡がついている場合は、これも交渉したい。実際には値切られるだろうという予測のもとに、譲渡代を決めてあるのが普通なのである。

さて、このような交渉をする場合、通例として家賃の値引きを交渉する例が多い。だが、家主というのは、家賃の値引きにはなかなか応じないものなのである。なぜならば、家賃は家主にとっては、生活のための収入源だからである。したがって保証金、敷金の値引き交渉の方が通りやすいといっていい。これでも借りる側にとっては初期投資は抑えられる、その分の金利、金の価値の減少という大きなメリットがあることになる。

なお、管理費とか共益費は一般的には値切れないのが普通である。家賃を値切ったら「管理費込みで」といわれた。これでも値切れたことには違いない。この場合、敷金は管理費込みの家賃で計算されるので、敷金、礼金が多少高くなる可能性があるので注意がいる。

リース店舗の家賃は支払いきれるか

リース店舗というは、

①内装、設備はできている

②敷金は少なくて済む

という店舗である。バーなどではリース店舗が結構多い。リースは初期投資はかなり少なくて済むので、開業資金がない人は、これに飛びつく可能性がある。ただし当然のことだが、リース店舗は家賃がかなり高くなっているのが普通である。リースの場合、

①設備投資はしてないのだから減価償却費という経費は不要

②借入をしなくて済むので、金利は不要

なのだから、その分家賃が高くなっているのなら問題はないのだが、そんなうまい話にはならない。これに、リースする側の利益がのっている。だからかなり高いわけだ。バークラブのような業種ならその負担はできるかもしれないが、普通の飲食店では、その家賃が支払いきれないと考える方が妥当だ。借入れてでも、資金調達をして普通の賃貸借店舗で開業する方が無難である。

■結果『また借り』になった

よく利用している居酒屋で、自分も居酒屋をやりたいという話をしたら「よかったら、この店をやらないか」という話になった。結構客も入っているので、詳しい話をしたら、

①家賃は月間15万円
②敷金とか内装代は要らないから家賃を18万円にしてほしい
③設備等は破損していくだろうから、その分として礼金を1ヶ月分ほしい
④家主に話すと、このままの条件でなく家賃、敷金を上げられてしまうので、あくまでも自分がやっていることにする
⑤手直ししたいところがあれば直していい

という話になった。かなりいい話だと考えたので、やらせてもらうことにしたというのである。だが、これはれっきとした『転貸借』である。最初は家主に分からなくても、遅かれ早かれ家主にはバレてしまう。

案の定、家主にはバレて、貸してくれた人は無条件で追い出される羽目になり、その結果、自分自身も無条件で撤退させられたのである。

賃貸借契約の流れを知っておく

賃貸借契約の流れは別掲8になる。特に注意しなくてはならないことは、資金調達で金融機関の確約がとれていない場合には、契約は確約がとれるまで待ってもらわなくてはならないということである。契約後に借入が却下されたからといって、解約すれば敷金等は返ってこないので注意がいる。

別掲8

- 店舗開発開始
  - ①デベロッパーに依頼
  - ②ネット等から情報収集
  - ③地域探索による開発

↓

- 開発された店舗内見、調査
  - 設備容量、その他

↓

- 条件再確認、条件を交渉する
  - ①家賃、共益費
  - ②敷金、保証金、礼金等
  - ③居抜の場合の居抜代
  - ④家賃発生日

↓

- 立地調査
- 事業計画書作成

↓

- 申込
  - ①家主側の審査
  - ②保証会社が付く場合保証会社審査
  - ③交渉金が必要な場合がある
  - ④重要事項説明書確認

↓

- 金融機関借入交渉

↓

- 確定契約

客が掴める『店づくり』、客を逃す『店づくり』

■コンセプトもテーマもない店づくりは客を掴めない

設計を依頼しにやって来た女性が次のような依頼をしてきた。

①店は白を基調にして可愛いピンクも使った店にしたい
②席はゆったり寛げる椅子にしたい
③椅子には手製のクッションを置きたい
④トイレはタンクレス便器で、ウォッシュレットを付けたい
⑤コレクションにブランドのカップが、かなりあるのでそれを飾る棚を付けて欲しい

というオーダなのである。では、どんなコンセプトで店づくりがしたいのか、メニューはどんなメニューを構成するのかと質問したら、

「コンセプトなど別にない」「メニューまでは考えてない」という答えなのである。要するに、事業計画はなく、こんな風にしたい、あんな店にしたいという、自分の好みだけで店をつくろうとしているのである。実はコンセプトにより、全体的なイメージがデザインされるのであって、メニューによって設置すべき厨房設備は異なるし、テーブルの大きささえ異なるのである。

設計者には、的確に伝達しなくてはならないことがある

設計を依頼する段階では、いろいろなことが決まっていなくてはならない。何が決まっていなくてはならないのかというと、

①店づくりのテーマ、コンセプト
②メニューの大綱
③特別に必要な厨房設備

といったことが、はっきり決まっていて、それが設計者に伝達されなくてはならない。もし、このようなことが伝達されないままでは、どのような面積配分にして、どのような厨房設備にすればいいのかの判断はできないのである。もし、こんな状況で設計図ができ上がれば、それはインチキとしかいいようがないし、依頼した方もかなり責任は重大だ。こんな曖昧な形ででき上がった店では、設備不足だったり、設備能力不足だったりして、後からクレームを付けている例が多い。

私が指導する場合は、きちんとした計画書ができていなければ、計画書を作成し、それを双方で検討した上でなくては設計に着手することはない。

設計料が無料というのは嘘

※設計料はいただきません

ウェブサイト広告の中には、こんな広告をしている内装業者もいる。また、今だに時々「工事をすれば設計は無料ですよね」という人がいる。まず、設計料はいただきませんというのは怪しい。設計には労力がかかっている。なのにそれが無料だということは、余程、価値のない設計に違いない。また、内装工事の中に、この費用分が上乗せしてあるはずである。次に「工事をすれば、設計料は無料ですよね」という人だが、こんな旧態依然たる情報に騙されてはならない。それで工事費が割高になっていれば、呆れてものがいえない。

さて、設計と工事だが、これは分けて考えた方がいい。有能な設計者がついていれば、

①工事の高い部分は指摘してもらえる
②相見積をとることが可能になる↓同一図面で相見積をしなくては比較ができない
③チェックをしてもらえるので、手抜き工事は起こらない

というように、結構利点が多いといえる。設計料などは、工事が割安にあがれば安いものである。

誘客できれば設計デザイン料は安い

設計デザイン料は高いから、自分たちで考えたデザインで施工する。これも結構多い例である。それでパーフェクトな店ができれば、それに越したことはない。

ところができ上がった店は、

①客席動線が悪い→能率効率が悪い→人件費高を生む

②厨房動線が悪い→能率効率が悪い→人件費高を生む

というようなことが起きやすい。それだけならいいが、飲食に精通してない業者に工事を依頼したため、

①設備能力が不足している

②デッドスペースが多い

ということになれば、下手をすれば、つくり直しになってしまう。そして、それにも増して重要なポイントは、外装、入口に誘客能力のある店ができているかということである。もちろん、有能な設計者を選択しなくてはならないが、誘客能力のある店を作り上げるのは設計者の腕である。そんな店ができるなら、設計デザイン料など安いものである。

■イメージと違う店になってしまった

図面ができ、内装材等のサンプルも見せてもらった。そして、工事をスタートし、店ができ上がったのだが、自分が描いていたイメージとはかなりギャップがある店になってしまった。よくある話ではあるが、材料の説明も受けサンプルも確認し、その材料が使われて工事が完成していれば、これにクレームをつけるわけにはいかない。

なぜこのようなことが起きるのかというと、実はサンプルは小さいからで、それが大きくなった時とは、かなり異なることがあるからである。もし、気にいらない部分を変えてもらうことになれば、変える部分については、追加工事になってしまう。

そこで、このようなことが起こらないようにするためには、図面の一部として、

※カラーパース（姿図）、またはカラーの鳥瞰図

を作ってもらう必要がある。これを見ながら材料を見せてもらう、色合わせをするというようにすれば、まったくイメージの違う店ができ上がるということにはならないはずだ。

図面にパース1枚が増えたからといって、設計料が高くなるようなことはない。仮にそれに多少の費用がかかっても追加工事になるより、はるかに得なはずだ。

■親戚だから工事費は安く…の落し穴

昔からの付き合いのある人が安くやってくれる業者を紹介してくれるというので、そこで工事をしたい。世話になった人が紹介する業者を使って欲しい、という人が少なくない。

よくある話で、相談者は「親戚が工務店をやっていて、安くしてくれるというので、工事はそこでやってもらう」ということで、設計デザインと開業指導を依頼された。設計にもとづき、使用する内装材等も決め、見積が出てきて、チェックの結果、大幅に安いということはなかったのだが、確かにある程度安かったのである。ところが、工事が始まってから、かなりトラブルが起きたのである。第一は工事全体の仕上げが粗いのである。さらに、指定した内装材が使われておらず、指定内装材と異なる部分があるのである。それを指摘すると、指定の材料が在庫切れだったので、代わりにそれを使用したというのである。

しかも、それは施主も了解しているということなのだ。実際に使われたものは、指定したものより、はるかに安い材料なのである。

あれやこれやを検討すると、かえって割高だったのである。しかも施主は親戚なのでクレームは付けにくいというのである。

予算を抑えたために、かえって大損する危険

飲食店の店づくりには、絶対手を抜いてはいけないところがある。例えば、
①給排水、給排気、電気、ガス、防災等の付帯設備工事
②防水等の工事
③厨房設備能力工事
がそれに当たる。東京・市ヶ谷で開業したカフェレストランで起きたことだが、店は中2階で、下の店舗は印刷屋だった。本来なら厨房、トイレには防水工事が必要なのだが、予算を抑えるため、防水工事は行わなかったのである。

ところが、ある日出勤したら大変なことが起きていたのである。下の印刷屋に水漏れしていたのである。しかも、その日に納入しなくてはならない印刷物が、その水漏れで濡れて使いものにならなくなっていたのである。印刷屋に対して、
①天井、壁面のクロス張替、床の張替→30万円
②出来上がった印刷物の弁償→60万円
を支払わなくてはならないことになってしまったそうである。

夏は暖房、冬は冷房になる空調設備

暇な時間はなんとか冷えているのだが、ちょっと立て込んだりすると、ほとんどきかず、大半の客がハンカチで汗を拭いている。また最近日本の夏は猛暑日が多い。33℃を超えると暇な時間でも暑い。では、冬はいうと、長時間いると足が冷えてしまうのである。

こんな状態になっていたのでは、せっかく付いた客は逃げてしまう。店は快適な空間も売り物なのだということを忘れてはならない。必要な冷暖房の能力は、別掲9になる。この程度の能力のものを設置し、室内機の数は店の形状等によってその数を決めるといい。開業後に不足することが分かって増設する場合は、大変な工事になってしまうので注意がいる。

別掲9

業種	5坪	10坪	20坪	30坪
カフェ	1.5馬力/h	2.5～3馬力/h	5～6馬力/h	8～10馬力/h
カフェ・レストラン	規模的に無理	3馬力/h	6馬力/h	10馬力/h
レストラン	規模的に無理	3馬力/h	6馬力/h	10馬力/h
バー	1.5馬力/h	2.5～3馬力/h	5～6馬力/h	8～10馬力/h
ダイニング・バー	1.5馬力/h	2.5～3馬力/h	5～6馬力/h	8～10馬力/h
居酒屋系飲食店	1.5馬力/h	3馬力/h	6馬力/h	10馬力/h
焼肉店、すき焼店等	2～3馬力/h	4～5馬力/h	8～10馬力/h	12～14馬力/h

左利きは11・5パーセント

入口のドアーは、押す付け方と引く付け方がある。引き戸の場合は向かって右から左引きと右引きがある。あまり考えたことはないかも知れないが、これが結構誘客に影響するのである。まずドアーの場合、押して入る場合はあまり関係ないのだが、引いて入る場合は向かって左取っ手がいい。次に引き戸の場合だが、向かって右に引くのが理想である。なぜそうなるのかというと、日本人の88・5%は右利きだからである。試して見ればすぐ分かると思うが、反対になると非常に開けにくくなるはずである。

給排気のバランスが重要

ドアーを開ける時、極端に重く感じるドアーがある。これは、ドアー・ヒンジとか、ドアー・チェックの調整が悪い場合もあるが、実は給排気のバランスが悪くて、起きている場合が多い。排気が強くて吸気が不足しているのである。。開ける度に重いなと感じさせるようでは次の来店を躊躇させることになる。

■ドアーに必要な『誘客能力』

通常使用しているドアーは幅600～900㎜、高さ2000～2050㎜程度のものである。したがって、店内のドアーはこれでいいが、入口のドアーは、もう少し豪華なものにしたい。そして、豪華さはドアーの高さを高くすることで表現できる。

したがって入口のドアーは、できれば幅750～800㎜、高さが2200～2500㎜あるとかなり豪華に見える。現代人は女性でもかなり身長が高く、170㎝を超える人も多い。ここから考えても、ドアーは高さがあった方が現代人にもフィットする。

現代飲食店は女性客から支持されなくてはならない。女性客の支持なしには繁盛は不可能といっても過言ではないという位なのである。そこで、ドアーにも女性が好む形状を採用した方がいい。

①ドアーの上部を半円状にする
②ドアーは角でも欄間は半円状にする
③ガラス部分を楕円状にする

というようなことをやれば、女性客からの支持を得られる。

サイン、表示が誘客能力を出す

『営業中』とか『準備中』というサインをよく見かける。こんなサインを出している店は経営者のセンス、経営の姿勢が疑われて当然だ。この商売で儲けさせてもらっているのだから、もっと気持の入ったサインでなくてはならないはずだ。少なくても、

※お待たせいたしております○○時に開店いたします

※営業時間のご案内『○○時～○○時』

※本日の営業は終了いたしました。明日は○○時に開店させていただきます

となっている必要がある。また、ランチタイムはランチタイムのメニューがあり、ティータイムはティータイムのメニューがあり、アフター5はアフター5のメニューがあるといった業態の店の場合は、その時間帯ごとにスタンドメニューを変える必要がある。これが出ていることで客は「お茶だけでも利用できるのだな」とか、「この時間はワインが飲めるのだな」という判断ができ、かなり入りやすくなる。

あとは看板だが、看板で客が知りたいのは、店名ではない。初めて利用する時は、何屋なのかということが知りたいのである。その上でハイセンスなデザインにする必要がある。

ファサードが無表情では入店は拒まれる

ちょっと抽象的ないい方になるが、あなたの店は無表情になっていないだろうか。ファサードが無表情な場合、その店は魅力に欠ける。では、どのようにすれば魅力的なファサードをつくることができるのか。方法いろいろ考えられるが、まず第一に考えたいのが、ファサードに凹凸をつけることである。

別掲10のAはファサードがのっぺりしている。これでは表情は出ない。反面Bの方は、引き込みを付けたことにより凹凸が出せる。比べれば、はっきりすると思うが、Bには表情があるはずだ。

別掲 10

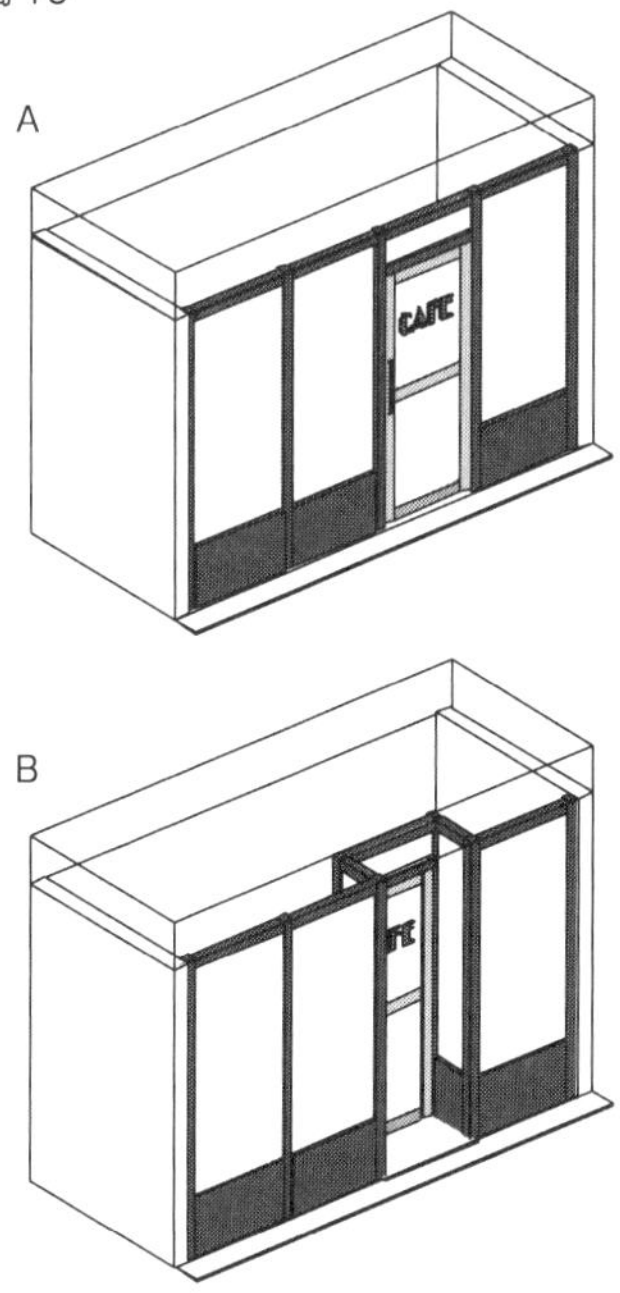

■客を引きつけるには、アイキャッチャーが必要

アイキャッチャーとは客の目をとらえるもののことである。店を開業したら、できるだけ早く客付きを果たさなくてはならない。さもないと、運転資金ばかりかかってしまう。

早い客付きを果たすためには、いろいろな販売促進手段を講じなくてはならないが、加えて必要なことが、早い客付きが可能な店づくりなのである。入口が目立たなかったり、サインが曖昧だと客付きは遅くなってしまう。

そこで必要なのが、アイキャッチャー性なのである。例えば、

①一部目立つポイントカラーを使用する
②キャラクター的なものを設置する
③LEDライトを巻きつけた植木を置く
④ショーケースを設置して季節の装飾をする
⑤目立つ垂れ幕を設置する

というようなことをやればいい。そしてこのようなことは、ちょっと考えればいくらでもあるはずだ。

■稼げないスペースが大きすぎないか

店には絶対必要ではあるが、稼げないスペースがある。

①更衣室、ストック場
②トイレスペース
③厨房スペース

がそれである。私のオフィスに相談に来た方が発した言葉で多いのは、

①トイレは男女分けて、洗面スペースも広く取りたい→規模があればできないことはないが、小さい店だとそのスペースの割合が大きすぎるということになる
②疲れを癒すので、更衣室にちょっと横になれるような場所が欲しい
③更衣室で事務をとったり、休憩時テレビも見たい
④厨房を大きくしたい、設備を増やしたい

等である。店が繁盛すれば、更衣室で横になっている暇などないし、小さい店の場合は、事務処理など自宅でやるべきだ。このような考え方では、とるべき客席数がとれず、稼げないスペースが大きい店になってしまうのである。

テーブル小さすぎ、通路狭すぎでは支持は得られない

テーブルとテーブルの間隔が狭すぎで、ちょっと太った客では通れない。テーブルが小さ過ぎて、まともに皿がのらない。セルフサービスのカフェに目立つ店づくりである。また居酒屋でも、料理がまともにのらない。着席してもなんとなく窮屈感がある。これでは「癒されたい」とやって来たのに、ストレスが大きくなってしまう。そのくせ、更衣室が大きすぎたり、トイレが大きすぎたりしている。まずテーブルの大きさだが、最低でも別掲11程度のものにしなくてはならない。このようにすれば、余程のことがない限り、料理がのらないということは起きないし、客席に窮屈感が出ることはない。次に通路だが、メーンの通路は６００㎜前後、ベンチシート席の場合は３５０㎜程度が必要である。（別掲12参照）

別掲 11

業種	２人掛/mm	４人掛/mm
カフェ系	500～550×500～550	900～1000×500～550
バー系	450～500×500～550	900～1000×500×550
レストラン系	550～600×600～700	1100～1200×600～700
居酒屋系	500～550×550～600	1000～1100×550～600

別掲 12

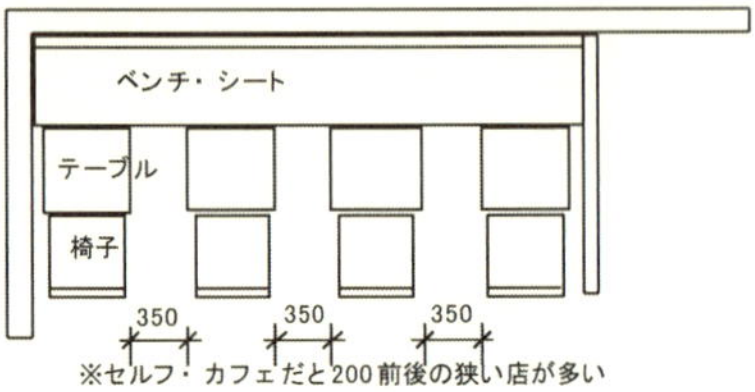

※セルフ・カフェだと200前後の狭い店が多い

席数が取れてない店は失敗する

売上というのは、

※席数×客単価×回転数

である。そこで注意しなくてはならないのが、取るべき客席数が取れているかという点である。図面ができ上がっていて、相談にやってくる人の場合、とるべき席数が取れていない図面が多い。この席数というのは初期条件といって後日変えられない条件なのである。つまり、席を増やして売上を増やすということはできないのである。したがって、客席数は設計計画で十分検討しておかなくては、後日ホゾを噛むことになる。

さて、取らなくてはならない席数は別掲13になるが、もしこの席数が大幅に下回るようであれば、厨房が広すぎる、更衣室が広すぎる、どこかにデッドスペースがあるということになる。

別掲13

業種	５坪	１０坪	２０坪	３０坪
カフェ系の店	８席前後	２０席前後	４６席前後	７０席前後
バー系の店	８席前後	１６席前後	３６席前後	６６席前後
レストラン系の店	規模的に無理	１２席前後	２８席是か後	４８席前後
居酒屋系の店	８席前後	１８席前後	４０席前後	６６席前後

席数不足の損害計算

別掲14を見てもらおう。Aの図面は相談者が持参してきた図面である。規模は17坪で、席数は28席である。業種はカフェレストランで夜はワイン、カクテルも構成した業態である。この業態の場合、席数は少なくても34席前後取れていなくてはならない。なぜ、28席しか取れていないのかというと、

①更衣室、トイレのスペースが大きすぎる

②厨房設備能力が大きすぎ→特にガスレンジ、冷凍冷蔵庫等

が原因になっている。そこで、私

別掲 14-A

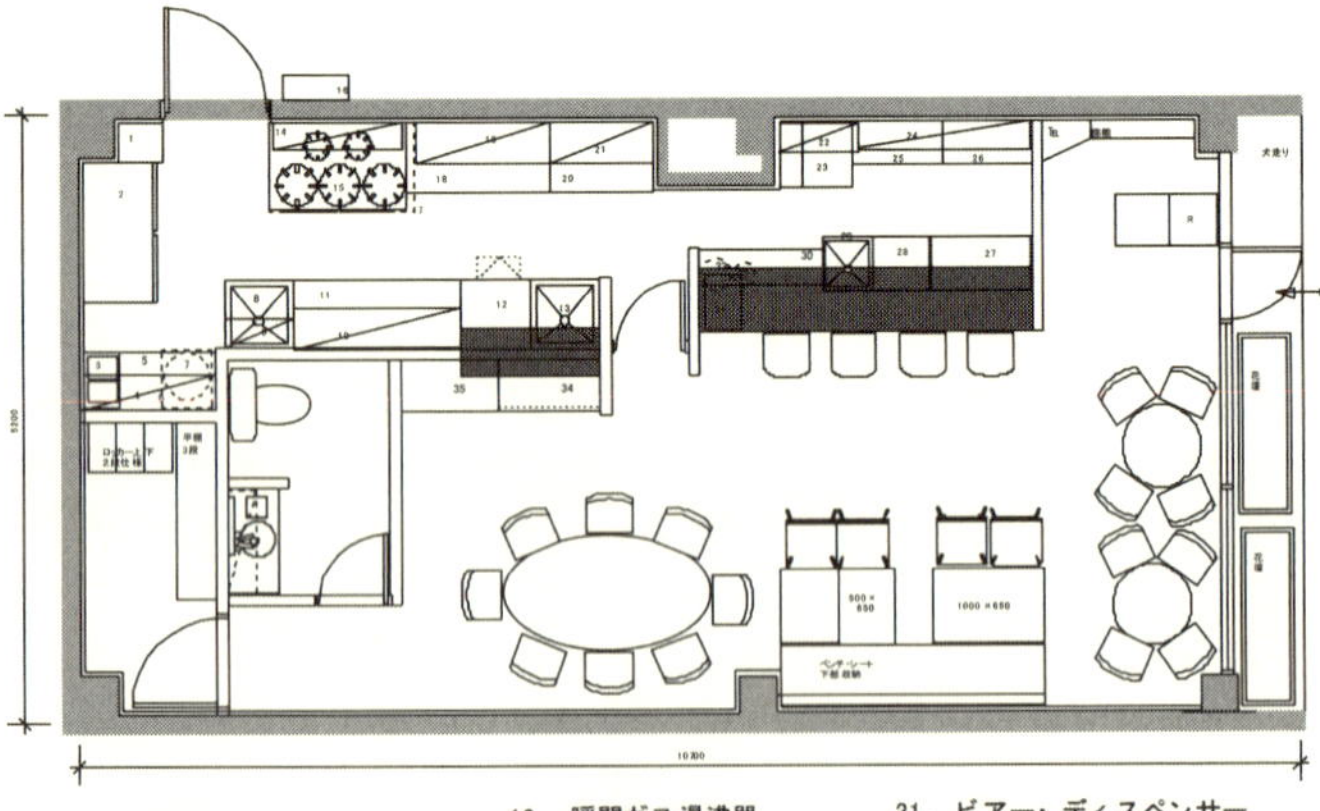

1. ラックシェルフ
2. 冷凍冷蔵庫1200×650×1890
3. 冷凍ストッカー
4. 吊戸棚
5. 3方枠作業台
6. 炊飯カート
7. 炊飯器　3.5リッター
8. 1槽シンク
9. 平棚
10. 吊戸棚
11. 作業台
12. 食器洗浄機
13. 1槽シンク
14. パイプ棚
15. ガスレンジ
16. 瞬間ガス湯沸器
17. フード
18. 作業台
19. 吊戸棚
20. コールド・テーブル
21. 吊戸棚
22. 吊戸棚
23. エスプレツソ・マシン 下部置台
24. 洋酒棚
25. 地袋
26. 地袋
27. 冷蔵ケース
28. 製氷機
29. 1槽シンク
30. 3方枠作業台
31. ビアー・ディスペンサー
32. タンサン・ボンベ
33. ビアー・タンク
34. サービス・サイド・ボード
35. 平棚

が引き直した図面がBである。席数は36席取れているし、窮屈感は出ていないはずだ。この店の立地はビジネス要素があり、ランチタイムには間違いなく席の回転数で1・2回転が想定できる。開業後の実績も1・2回転以上を果たしている。もし、Aの図面で施工していたら、最低でも別掲15の売上を損していたことになる。

別掲 14-B

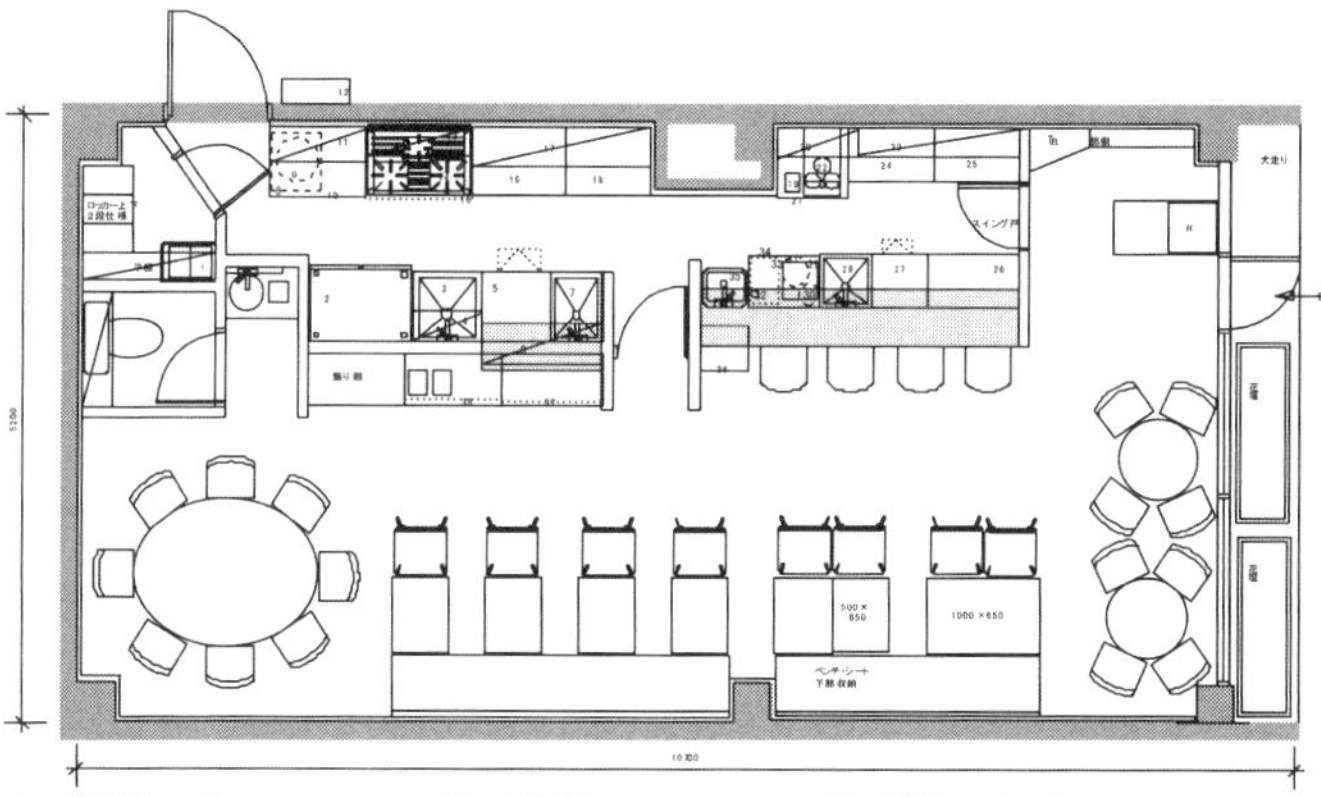

1．冷凍ストッカー
2．冷凍冷蔵庫900×650×1890
3．１槽シンク
4．平棚
5．食器洗浄機
6．天袋槽
7．１槽シンク
8．炊飯カート
9．炊飯器3.5リッター保温付
10．３方枠作業台
11．吊戸棚
12．瞬間湯沸器
13．パイプ棚
14．ガスレンジ
15．フード
16．作業台
17．吊戸棚
18．冷蔵ケース
19．ミルク・クーラー
20．吊戸棚
21．作業台
22．エスプレッソ・マシン
23．洋酒、グラス棚
24．地袋　引出し付
25．地袋　引出し付
26．コールド・テーブル
27．製氷機
28．１槽シンク
29．Ｉ Ｈコンロ
30．タンサンボンベ
31．ビアー・タンク
32．ドラフト・タワー
33．ビアー・ディスペンサー
34．３方枠作業台
35．手洗器　シャボネット付
36．サービス・サイド・ボード
37．サービス・サイド・ボード
38．ダスト ホール付サイド・ボード

別掲 15

・客単価８５０円

・営業２５日/月

・計算　８席×850 円×1.2×２５日＝204,000円/月、 2,448,000 円/年

■店に汚れがあると日常空間になる

最近の開業希望者に目立つことの一つに予算だけが先行する例である。確かに予算は大事なことに違いない。しかし、これだけが先行すると、経営的に不利だという店ができてしまうので注意がいる。

①中古厨房設備で初期投資を下げた

②中古冷暖房設備で初期投資を下げた

ウェブサイトとか、一般雑誌に多い情報である。厨房設備の場合、中古は確かに安いのがある。でも設置後故障が多ければ、安くなったことにはならない。また中古の厨房設備には、配送料、代引き手数料がつく可能性がある。おまけに、梱包のまま玄関に置いていくドアー・トゥ・ドアである。ということは、設置費とか、接続工事費は別に必要になる。また、中古品に希望するサイズがないため、設備が大きくなってしまうことがある。そのため厨房面積が大きくなり、経費が高くなってしまったら、大変な損害になる。冷暖房も、中古のため音が大きかったりという例がある。それらをはっきり確認しておかなくてはならない。なお、中古の場合でも、一定期間保証してもらえるのかの確認がいる。

厨房の基本動線を重視せよ

厨房は、必要な設備をただ設置すればいいわけではない。飲食に精通してない設計者とかアドバイザーの場合、この辺がいい加減になる可能性がある。

まず、メニューの上げ下げは、どのような手順になるのかをシュミレーションしておかなくてはならない。業種業態により多少の違いはあるが、別掲16になる。別掲16は作業が2つのラインになっているが、小型の場合は1のラインにすればいい。また、小型店の場合は、仕込エリアは取らず、作業エリアだけで仕込み作業も行なうことになる。

別掲16

厨房動線概略

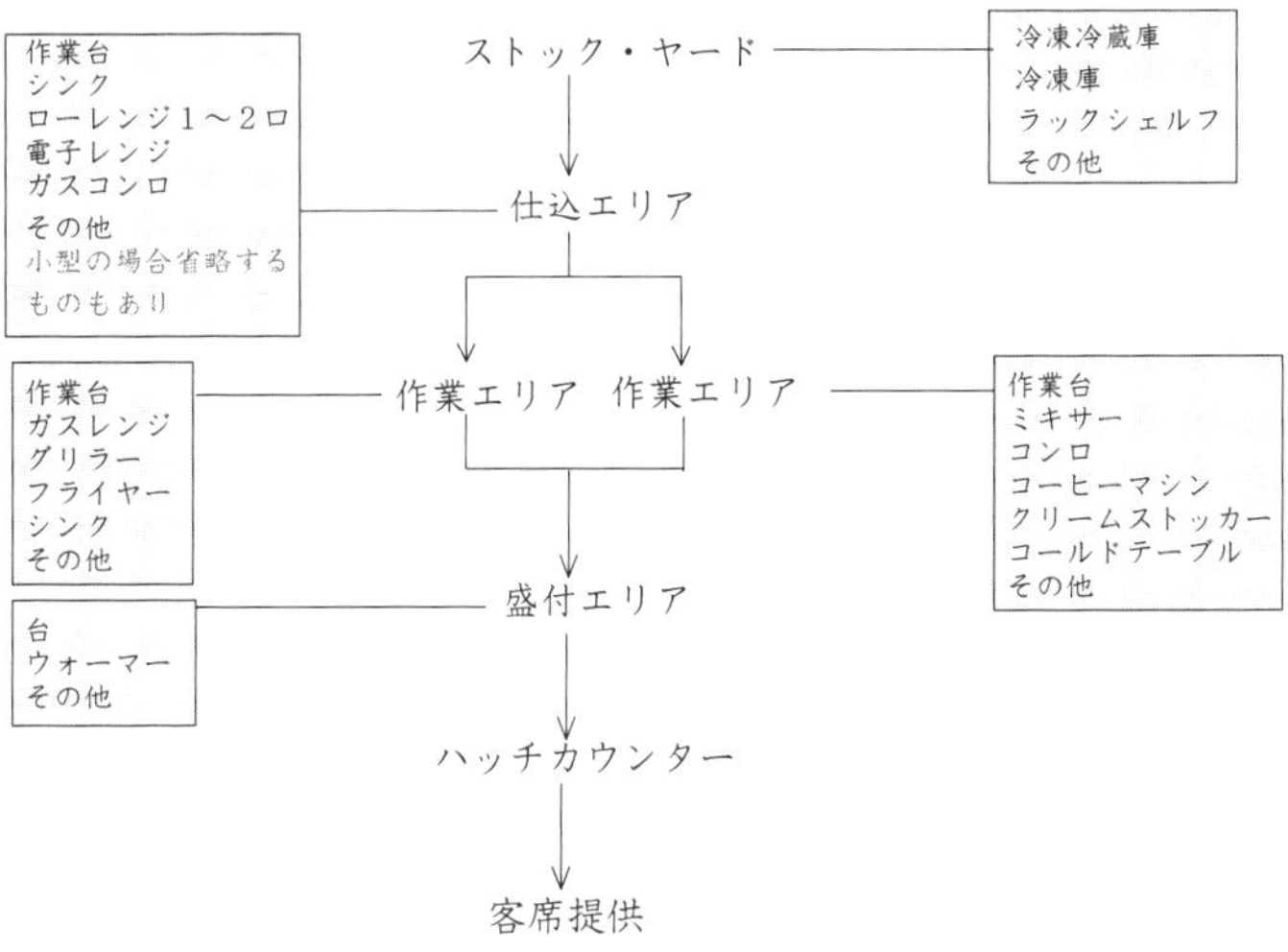

最低必要設備と能力

飲食店はメニューによって、最低必要設備というものがある。それは別掲17である。
そして、これにプラスして、メニューにより必要な設備を設置していくといい。したがって、設計デザインを行うに当たっては、メニュー構成の大綱ができ上がっていなくてはならない。

別掲 17

	カフェ系			バー系			レストラン系			居酒屋系			備　考
	10坪	20坪	30坪	10坪	20坪	30坪	10坪	20坪	30坪	10坪	20坪	30坪	
冷凍冷蔵庫	400ℓ	500ℓ	600ℓ	400ℓ	450ℓ	500ℓ	450ℓ	650ℓ	650ℓ	450ℓ	650ℓ	650ℓ	
コールドテーブル	170ℓ	200ℓ	240ℓ	170ℓ	185ℓ	200ℓ	170ℓ	250ℓ	300ℓ	170ℓ	250ℓ	300ℓ	
冷凍庫	80ℓ	120ℓ	180ℓ	80ℓ	120ℓ	150ℓ	120ℓ	180ℓ	250ℓ	120ℓ	180ℓ	250ℓ	冷凍ものの多少で増減
製氷機	35k	45k	55k	45k	55k	60k	35k	45k	55k	45k	55k	60k	
アイスビン				1	1	1				1	1	1	なくてもできる
2槽シンク	1	1	1	1	1	1	1	1	1	1	1	1	
1槽シンク	1	2	2	2	2	2	1	2	3	1	2	3	
食器洗浄機	1	1	1	1	1	1	1	1	1	1	1	1	なくてもできる、設置したらシンクし1槽減らしていい
手洗器	1	1	1	1	1	1	1	1	1	1	1	1	
給湯機	#16	#23	#23	#16	#23	#23	#16	#23	#23	#16	#23	#23	
ガスオーブン上部コンロ	2□	3□	3□	2□	2□	2□	3□	3□	4□	3□	3□	4□	オーブン使用メニューがなけれオーブンば不要
魚焼機										1	1	1	業態により不要
作業台	2ヶ所	2ヶ所以上	2ヶ所以上	2ヶ所	2ヶ所以上	2ヶ所以上	2ヶ所	2ヶ所以上	2ヶ所以上	2ヶ所	2ヶ所以上	2ヶ所以上	
電子レンジ	1	1	1	1	1	1	1	1	1	1	1	1	解凍に使用
補助コンロ	1□	1□	2□	1□	1□	2□	1□	2□	2□	1□	2□	2□	
炊飯器	1.8ℓ	2.7ℓ	3.6ℓ	1.8ℓ	1.8ℓ	1.8ℓ	1.8ℓ	2.7ℓ	3.6ℓ	1.8ℓ	2.7ℓ	3.6ℓ	ライスなしの場合不要
食器戸棚	適　宜	適　宜	適　宜	適　宜	適　宜	適　宜	適　宜	適　宜	適　宜	適　宜	適　宜	適　宜	
棚	適　宜	適　宜	適　宜	適　宜	適　宜	適　宜	適　宜	適　宜	適　宜	適　宜	適　宜	適　宜	

※カフェの場合コーヒーを何でたてるかにより、コンロに変化が必要

カウンター前に〝日常〟を感じさせたら失格店

店づくりもよく、居心地もよかった。出された料理もよかった。当然サービスにも欠点はなかった。また来ようと同伴者とも話した。ところが、トイレに行き、席に戻ったとき、表情は一変したのである。トイレに行く時、厨房前のハッチ前を通ったら、ハッチ前は片付けが下手な独身者の部屋みたいに、乱雑な状況になっていたのである。

①汚いゴミ入れからゴミがはみ出しそうになっている
③カウンターに置かれた雑巾は、醤油で煮しめたような色になっている
③厨房の床は汚れまくっている
④調理人の身だしなみが悪い

というのを目撃してしまったのである。こんな状況を目撃されたら、出された料理は果たして清潔だったのかと疑われても仕方がないし、リピート来店なんて、期待すること自体が無謀である。

飲食店は清潔性が重要なサービスの一つである。したがって、このような店の日常を客に見せることがないよう、設計計画の段階で検討しておかなくてはならない。

汚れていれば汚される

その店は原宿にあった店で、この店の来店客はトイレを利用した時、驚きと感激に襲われる。トイレの床は、靴が埋まってしまうぐらい、厚い絨毯が敷いてあり、染み一つないし、床にゴミなど落ちていない。絨毯を敷くのがいいか、悪いかは別にして、絨毯敷きの場合、余程メンテナンスがよくないと、臭ったり、埃がたまったりしてしまう。この店の場合は、そんな状態にはなっていない。さらに、洗面器も便器もピカピカなのである。

このトイレから想像されることは、清潔にはかなり気を使っているなということである。よくあるのは、「すぐ汚されてしまうんですよ」という言い訳だが、

※汚れているから汚されるのである

道路なんかでも、煙草の吸殻で汚れていたりすれば、そこに吸殻を捨てるのは、あまり抵抗はない。汚れていれば、悪いと分かっていても捨ててしまうのが人間の心理なのである。つまりきれいにしておけば、客もそれなりに気を使ってくれるのである。トイレには消臭器の設置をし、ラベンダーとかカモミール等（共に沈静効果）のアロマがあると、その気配りは客の心理をくすぐるものになるし。その時は分からなくても、いつか気づいてくれる。

家具バランスが悪いと違和感を与える

客席づくりで問題になるのは、シートハイ（座っている高さ）と、テーブルトップ（テーブルの高さ）のバランスである。このバランスが悪いと、かなり飲食がしにくくなる。別掲18を見てもらおう。テーブルの高さやカウンターの高さが問題なのではなく、椅子のシートハイからテーブルトップ間の寸法、またはシートハイからカウンタートップ間の寸法が問題なのである。これを別掲18にあるように、２８０～３００㎜にすることが大事なのである。

これが狂っていると、窮屈感や違和感を感じ、飲食がしにくくなることになるので注意がいる。

別掲 18

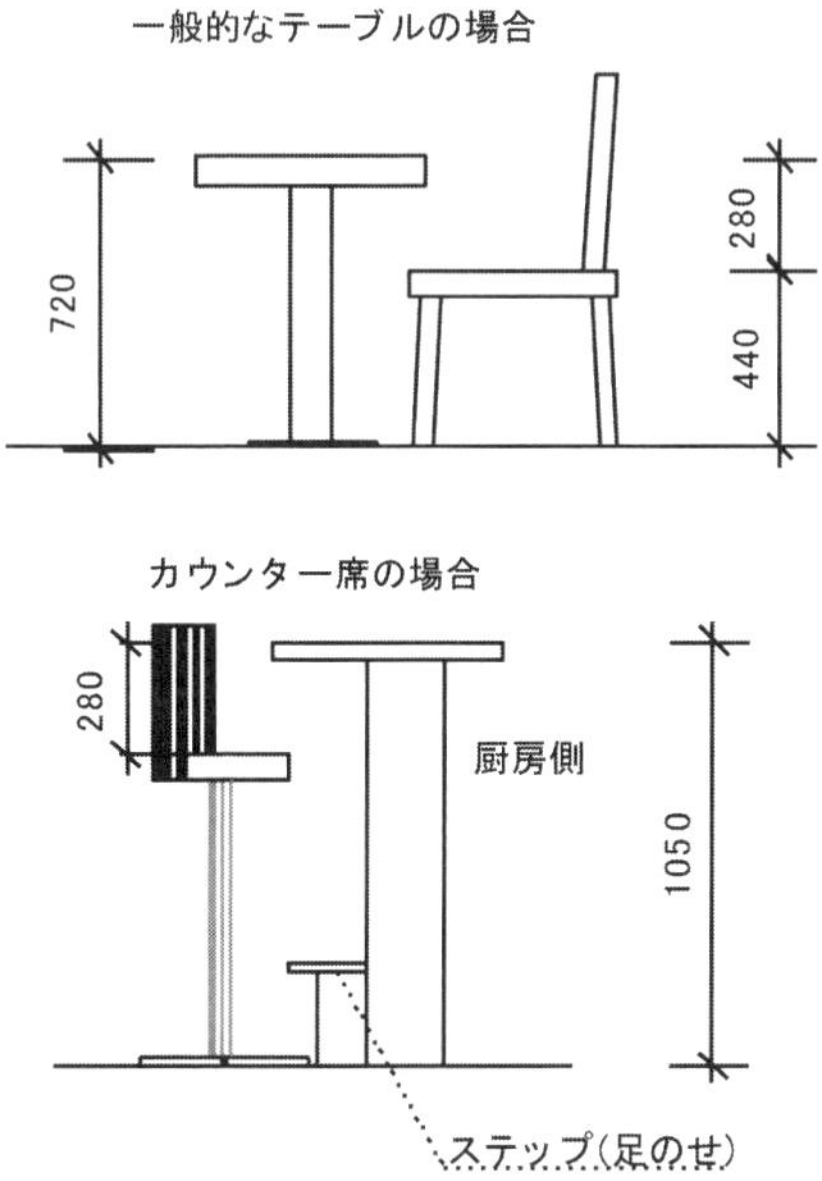

カウンター席とか、ソファーがデッドスペースを生む

まずカウンターに席をとる場合だが、客席の床からカウンタートップの高さは最大でも１１００㎜である。理想的には１０００～１０５０におさえたい。しかし、カウンターの中は、給排水の配管をしなくてはならないので、その勾配の関係で最低でも１５０㎜は上げなくてはならない。ということは、カウンターの床から、カウンタートップまでは１１００㎜にしても９５０㎜しかない。１０５０㎜にするなら、９００㎜しかないことになる。別掲19を見てもらおう。作業台、コールドテーブル等の高さは通常８００㎜である。ということは、それらの上部を作業台として使うことはできなくなってしまう。

したがって、別掲20のように厨房設備を設置することになる。つまり、かなりデッドスペースが大きくなってしまう。しかもカウンター席が多ければ多いほど、デッドスペースは増えることになる。もしデッドスペースが出るの避けたいなら、これを避けるための方法はいくつかある。第一に考えられるのは、カウンター内を掘り下げる方法である。

しかし、これはビル等を賃借した場合、ほとんど不可能である。

第二の手段としては、客席の床をカウンター席の部分だけ上げるという方法になる。この場合は床上の費用かかることは覚悟しなくてはならない。

第三の方法は別掲21のように、カウンターを2段にする方法である。ただし、この場合、客が使用できるカウンター幅はかなり狭くなる。その上客の目の前に、2段の部分が壁がたつようになるので、かなり圧迫感が出る。できれば避けたいカウンターのタイプだといっていい。

結論としては、第二の手段の客席側の床上げが最善の方法になるはずである。

別掲 19

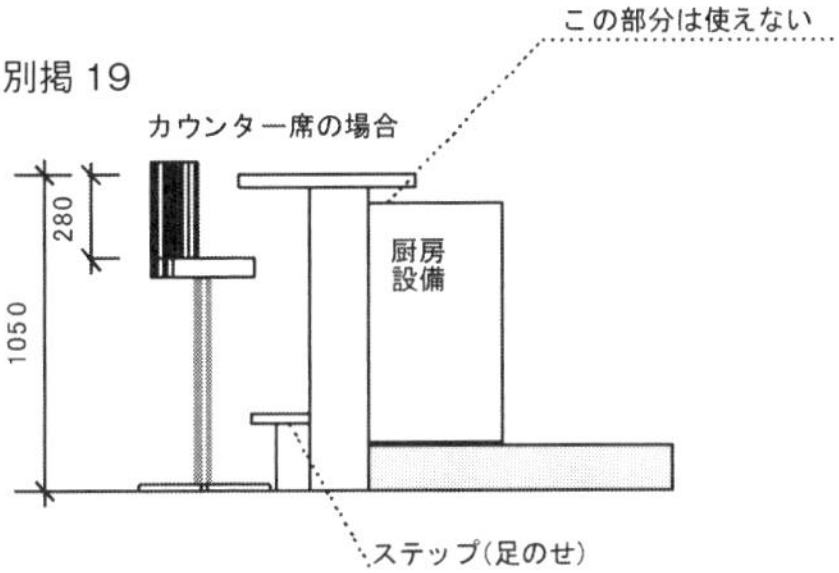

別掲 20

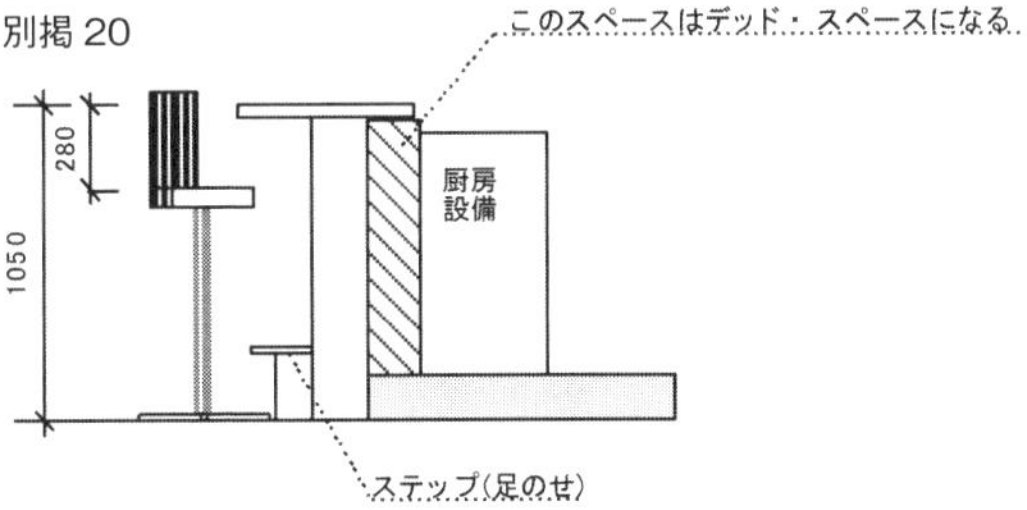

別掲 21

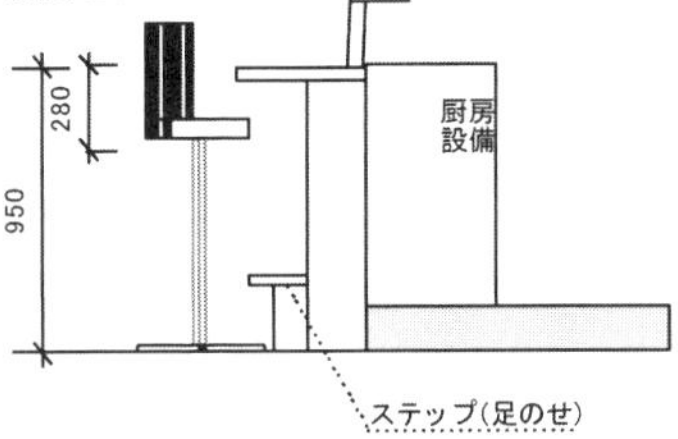

売れない原因はメニューづくりにある

■『売りたいメニュー』と『売れるメニュー』は違う

よくあるのは、政策も何もなく、こんなメニューが売りたい、あんなメニューが売りたいという例である。どうして、そのメニューが売りたいのかと尋ねると、単なる経営者自身の好みだったり、それなら何とかつくれるからという都合だったりするのである。

こんなことでは、売れるメニューなど絶対にでき上がることはない。メニュー構成を考える場合、

①出店する立地条件↓ビジネス街なのか繁華街なのか、それともベッドタウンなのか
②狙う客層をどこにおくか↓女性中心なのか、それとも女性も狙うという女性狙いなのか
③狙う客の年代↓若年層中心なのか、熟年世代なのか、それともシニア世代なのか
④そのメニューを売り物にするための仕入れは可能なのか↓配達もなく、遠くまで買いに行かなくてはならないのでは商売にならない
⑤コスト面から考えて可能なのか
⑥時代には合っているのか

といったようなことを検討し、売れるメニューをつくり上げていかなくてはならない。

確たる売り物メニューを持て

競合が激しい現代で、開業してその競合戦争に勝ち残っていくには、店に確たる売り物メニューがなくてはならない。したがって、開業計画で売り物を考え、検討して決定しておかなくてはならない。よくあるのは、売り物は調理者を雇用してから決めるといった例だ。だが、メニューは店の方針の核になるものである。それを調理者を入れてからというのでは、方針は他人まかせということになってしまう。調理者には、決めた方針を元にして、それを達成させるための最もベターなものを見つけてもらうようにするべきである。

また調理者を雇用しない小型店の場合は、自身が調理に当たらなくてはならないのだから、調理技術的に可能か、否かも検討に加えなくてはならない。例えば、一部をレトルト製品でカバーできるのか、そのレトルト製品で客に納得してもらえるのか、またはそのレトルトを直せば売り物になりうるのかという検討をしなくてはならない。

そして、売り物を決めたら、それを中心に全体のメニュー構成を組み上げていくことになる。よくあるのは、私がつくるあの料理は皆がおいしいといってくれるという手前味噌的な考え方だが、お金をもらっても、その人たちはそういってくれるか冷静に考えよう。

■売れるメニューには〝振り〟という現象がある

例えば、スパゲッテイを例にとるなら、かっての喫茶とか食堂で一世を風靡したのが、『スパゲッティ・ナポリタン』『スパゲッティ・ミートソース』である。この時の作り方は、プレ・ボイル（半茹）したスパゲッテイを、提供前にフライパンで炒めてつくっていた。この時代に、現在のアルデンテのスパゲッテイを出したら、それこそ「これじゃ生だ」とクレームの嵐になったのである。その後、ナポリタンはなりをひそめ、プレ・ボイルというやり方もなりをひそめた。ナポリタンがメニューに構成されていれば、「なんて古い店だ」といわれたのである。

ところがここに来て、ナポリタンが蘇生してきた。マスメディアでもおいしいナポリタンの店をこぞって取材している。こんな現象は他にもある。例えば、オムライス、ハヤシライスなどがそれだ。

これで分かるように、流行は振り子のように帰ってくるのである。ただ、そのまま戻ってくるわけではない。グレードは数倍高くなって戻るのである。この振り子現象はメニュー開発の大きなキーワードなのだ。

■仕入業者という壁を越えられるか

メニューを考える時、絶対に外すことができないのが、仕入という問題である。店を経営していく上で、大きな経費になるのは人件費である。したがって、買い出しに行くという方法は一つの仕入方法に違いないのだが、それに大きな労力がかかってしまったら意味がない。大型の店で、人件費を考えても買い出しに行った方が得だというのなら話は別だが、小型の店がそれをやったら、人件費高という経費高を生んでしまう。

店舗を出店するに当たっては、配達してくれるいい仕入業者がいるかということも検討して、場所を選定しなくてはならないのである。仕入業者の中には、

①取引高が月間30万円以上ないと納入できない
②掛けでの取引の場合は、保証金を積んでもらいたい
③路地の奥で車が入らないので配送できない

などと、不届きな業者もいる。だが、いい業者も結構いるのである。したがって、事前に業者選定ということを成しておかなくてはならない。なお、できれば紹介者がいた方が話はスムーズに運ぶといえる。

真似がスタートでもいい

メニューは競合店に行けばいくらでも真似できるものがある。そして、いくつかの店のメニューを真似すれば、なんとか体裁を成したメニュー構成はでき上がる。味つけも似せてつくることもできる。だが、このメニューは単なる猿真似メニューである。これでは売れるメニューにはなっていかないのである。問題はここからだ、このメニューを基礎にして、

①使用調味料を変えてみる
②調理方法を変えてみる
③食材を変えてみる

ということを成せなくてはならない。参考にしたものは、焼いてあったのだが、それを蒸してみたら、かなり変化を遂げ、焼いたものでは出せない味を醸し出す。こんな例は、いくらでもあるのである。実は調理法には、一つの概念がある。しかし、そんな概念にとらわれている必要はない。あとは根気が大事で、いろいろなことにトライしてみることが必要だ。このような努力をすることが、オンリーワンというメニューを誕生させ、今度は真似られる側になっていく。そうなれば本物だ。

素人発想が大事

メニュー発想とか、開発に長けている経営者、調理者は数多い。だが、結構多いのが、既成概念に捉われているという例である。例えば、

①これは、この調味料を使うものなのだ
②これは蒸すのではなく、焼くものなのだ

といったもので、これが既成概念である。ところが、このような既成概念に捉われていると、新しいタイプのメニュー開発は難しいといえるのである。そこで考えたいのは、調理には素人だという人とか、飲食業には素人という人の意見を聞くことである。

私もメニュー開発を行うときは、10人程度の素人を集め意見を交わすということを実行している。そして、ここから数多くのヒントを得ている。

集めた人たちは素人なのだから、何をいうか分からないし、とてつもない意見も飛び出す。その中にヒントがあるのに、ヒントになることに気づかないことが多い、ということなのである。そしてヒントがあったら、そのヒントを基にして、プロの調理者がメニュー開発をすれば、そこに新タイプの創作メニューが誕生するのである。

■時流を感じさせるメニューが必要

売れるメニューを開発するためには、そのメニューに時流も表現しなくてはならない。そこで、現時流の情報を集める必要がある。では、時流情報はどうやって集めたらいいのか。この答えは簡単で、注意していれば、ありとあらゆるところに情報は転がっている。

例えは、

※コンビニ、スーパー、デパート

を意識して歩き回れば、そこには情報が溢れているといっていい。次に注意したいのは、

※テレビコマーシャル、情報番組、ショップ紹介番組

である。ここにも情報は満載である。他に結構濃い情報を得られるのが、

※女性誌、カタログ誌、タウン情報誌、専門誌

である。次に注意したいのは、

※ホテルのデリショップ

である。つまり、その気になれば、時流情報はどこにでもあるということである。ただし、情報はただ集めるだけではダメで、その情報の信憑性を検証する必要がある。

時流の中心は、いつの時代もほとんど同じ

戦後すぐの時代は別にして、高度経済成長を果たした後の日本のトレンドの核は、表現は変わっても、ほとんど同じだといっていい。その一つは『ヘルシー』である。そして、もう一つの核は『ビューティ』である。ビューティというと、女性だけのものと思いがちだが、そんな考え方は古い。紳士化粧品売場を見ればはっきりする。「これ全部が紳士ものなのか」というぐらいの種類があり、それらが売れているのだ。

今や女性より、男性にいい香りがないとダメな時代だといっていいぐらいなのである。

・アンチ・エイジング

アンチ・エイジングというのは、老化防止という意味で、結果ヘルシーとビューティに繋がる。食材の中には、老化防止のものが数多い。したがって、メニューの説明に老化防止を強調するフレーズを付ければ、そのメニューが売れるメニューになるといっていい。

・デトックス

これは『解毒』という意味で、これも結果ヘルシーに、そしてビューティにつながる。食材にはデトックスにつながるものが結構ある。したがって、それを強調するといい。

・有機栽培

例えば、有機栽培コーヒーとか、有機栽培の野菜を使用となれば、それに人気が出る。これも、結果としてはヘルシーと繋がっている。また、ヘルシーが多少高い売値を実現してくれる。安いものに客が群がっているように見えるのが現代なのだが、その反対の現象として、価値があれば多少高くてもという、消費者の傾向が示している。

・ミクソロジー・カクテル

このカクテルは人工もの、例えばシロップ、コンクジュースは一切使わず、天然ものの果実等を使って作るカクテルである。そして、このカクテルは秘かなブームになっている。ホテルのバーでもこれが構成されているし、これだけを売るバーすら出現しているぐらいなのである。これは、カクテルだけにとどめる必要はなく、ソフトドリンクにも応用できるものである。結果、人工ものは使用していないので、ヘルシーにつながることになる。

……以上のように、すべてはヘルシー&ビューティとつながっている。特に女性客も狙わなくてはならない今日では、このトレンドの核を無視することは許されないし、男性客狙いにも、このトレンドが無視できない。

■客のウォンツの中に『ワクワク感』というものがある

メニューがサービスされたところ、普通の形で、普通の味だった。これでは、客のウォンツには応えられない。実は売れるメニューにはテーブルに提供された時、客が『ワクワク』するものがそこあるのである。それは、

①メニューそのものの形状
②盛り付けの巧みさ
③彩→カラーコントラスト
④器使い、グラス使い
⑤メニューの付加価値

なのである。

さらに、ソースが何種類か付いていて、選んでかけることができるとか、またはソースよって味に変化が出る。このような付加価値があることが『ワクワク感』である。

要するに、メニュー開発というのは、ただ味のいいものをつくり上げればいいという程度の単純なものではないということである。

■2ヶ月目に激減する売上の理由

ある安売りで有名な居酒屋チェーンの例である。当然、最初から極端な安売りをしていたわけではない。だが、成績不振に陥る度に、客数回復のためと売値を下げていったのである。そして、この政策は成功したように見えたのである。なぜなら、それで客数増加に成功したからである。ところが、ここから起きたことは、

①客数は増えたが、売上はさして増えない
②原料比率が上昇した

ということなのである。当然利益は減少するということが起きたのだ。そこで、行われたのが、原料費低減策なのであるが、これにより商品グレードが落ちてしまったのである。店側の言い分は『安くしているのだから仕方ない』なのだ。次にこの店が取った手段は、リニューアルオープンである。極端に売上不振になった店から、リニューアル再開店という手段をとったのである。リニューアルした、どの店にも起きたことが、1ヶ月目は売上が回復するが、2ヶ月目には30％減、3ヶ月目にはさらに減少するという現象だった。これが物語ることは、いくら安くても内容が落ちてしまえば客は納得しないということである。

安いだけでは売り物にはならない

テレビ等のマスメディアに毎日のように登場する、
①300円のランチで頑張っている店
②500円の売値でこのボリューム
③お酒は無料という居酒屋
という安売りの店。マスメディアにとっては格好の話題だから取り上げられる。だがこれを見た不振店の経営者とか開業希望者は、「今の時代、安くしなくては客は来てくれないのだな」と考える。だが、そのような店が、その後どうなったのかはマスメディアには取り上げてくれないのである。また安売りができている要因は、語られていない。例えば、
①40年も前に開業したので、今の家賃相場よりはるかに安い家賃負担になっている
②店は自分の家なので、家賃は発生していない
と安くしても潰れない要因を持っている店なのである。それを真似たのでは、とても採算のとれる店にはなれない。安売りは政策とはいえないのだ。どうやったら妥当な価格政策がとれるのかを考えなければならない。

■セブンイレブンの『価格政策』に学べ

コンビニの『おにぎり』販売はセブンイレブンが最初にやったものである。120円程度が最初の値段だった。だが、続々と『おにぎり』を売る店が増え、120円は100円に、さらに80円にと価格破壊が起きたのである。

セブンイレブンの『おにぎり』販売会議でも、どこまで下げられるのかということしかテーマにならなかったそうである。この時、社長の一言は、「売値を150円にしたら売れるはずだ」というものだったのである。

スタッフ全員から反対が出たそうだ。100円でも苦戦しているので、150円では、まったく売れなくなるというのが反対理由だ。だが150円『おにぎり』は実施されたのである。大当たりになったことはいうまでもない。

なぜ売れたのか。ライスを厳選、具を厳選、海苔のパリパリ感を増すための工夫、といったことで商品グレードは高くしたのである。買った人の感想は『ちょっと高いと思ったが、今までのものとはまったく違う。これなら多少高くても買う』だった。すなわち、価値があれば、ことさら安くする必要はない。価値があれば、客にはそれが分かるのである。

おいしいものは売れるという錯覚

まず考えなくてはならないのは、現代に食うに堪えない程、まずいものを売っている店があるのかということである。おそらく、そんな店を探すのはむずかしいはずだ。言葉を変えるなら、ただおいしいものを売っているだけでは売り物にはならないということだ。本当に売り物になるメニューというのは、個性化されたメニューなのである。

フランスにはロックフォール・チーズ、イタリヤにはゴルゴンゾーラ・チーズという青カビのチーズがある。初めてこのチーズの匂いを嗅いだ人の中には、2度と嗅ぎたくないという人が多いぐらい、強烈な悪臭に近い匂いがある。

だが、「これを食べて、これにハマってしまった」という人がそれは多いのである。これが個性である。これから、メニューを開発するときには、このような個性を強くするということが考えられていなくてはならない。そして、それは現代のように、調味料が豊富、香辛料が豊富という時代には可能なのである。『あそこの、それはどこか違う』といわれれば、個性化は成功である。このようなメニューが、現代のような競合激化時代の、その競合に勝つための大きな武器になるのである。

すべてを『個性化』するわけではない

個性化することにより、その個性が嫌いだという客が出る。だが、これを恐れてはならない。メニューが数品と少ない店なら、これは怖いことなのかもしれないが、20品以上のアイテムがあるなら、5品程度を個性化されたメニューにし、それにファンを付けていけばいい。残った商品は、おいしいという商品になるのだから客には逃げ場が残されている。

客に逃げ場を残すというのは、メニュー構成において重要なものになる。特にプライシングではこれが重要だ。例えば、ちょっと高いかというプライシングにした場合、同系列のメニューの一つを安くしておけば、客はそこに逃げていける。別掲22がその例で、スパゲッティ・ナポリタンとハムサンドが客の逃げ場である。

別掲22

※スパゲッテイ

スパゲッティ・生ハムのクリーム・ソース・・・・・・・・	￥８５０
スパゲッティ・ナポリタン・・・・・・・・・・・・・・・	￥７５０
スパゲッティ・ミートソース・ボローニア・・・・・・	￥８００
スパゲッティ・カルボナーラ・・・・・・・・・・・・・	￥８５０
スパゲッティ・ペスカトーレ・・・・・・・・・・・・・	￥８８０

※サンドウィッチ

特性ミックス・サンド・・・・・・・・・・・・・・・・	￥８００
ハムと野菜のサンド・・・・・・・・・・・・・・・・・	￥７２０
スモークチキン・サンド・・・・・・・・・・・・・・・	￥８００
ベーコンエツグ・ソンド・・・・・・・・・・・・・・・	￥８００
生ハムと花野菜のサンド・・・・・・・・・・・・・・・	￥８５０

効率、能率、安定化が計られているか

　メニュー開発で重要なものの一つに、効率化、能率化ということがある。いくらいいメニューを開発しても、工程が煩雑すぎていたりすると、ロスの原因になる。なぜならば、工程ごとに付着ロス等が発生したりするからだ。また、提供に時間がかかりすぎたりしたら、そのメニューのために、客からのクレームが多くなってしまう。日本人の客はせっかちである。したがって、オーダーしてから15分以上かかれば、客をイライラさせることになる。当然、厨房の作業効率も悪くなり、人件費高にもつながってしまう。

　メニューは大きく分類すると、

①仕入型→仕入れたものをそのまま使用するメニュー→これは効率や能率はいいが、そのもののグレードが高いものを選択しなくてはならない
②仕込み型メニュー→仕込んだものを提供時に加熱するメニュー
③その都度調理型

　に分けることができる。中でも仕込型が効率と能率がいい。さらにグレード、味の安定にも優れている。特に高度な調理技術がない仕込型メニューの採用が安定化につながる。

■ヒットさせるのに必要な接客係の援護

いいメニューを構成すればヒットする。こんな考え方を持っていないか。実は、そうはならないのである。メニューをヒットさせるためにはいろいろな仕掛けが必要になる。

①ＰＯＰメニューをテーブルにおく
②ポスター的なもので知らせる
③メニューに写真をのせる

等々、知らせる方法はいろいろあるのだが、手っ取り早い販売促進方法は接客係の援護である。そのためには、接客係にその商品の知識を徹底して植えつけておかなくてはならない。そして、これを徹底して薦めていくということが重要である。例えば、

①迷った客には「こちら当店のお薦めですがいかがですか」と薦める
②「何がお薦めなの」と聞かれたら、すかさずその商品を薦める

というように、事あるごとに、その商品の名前を口にしたい。そしてこの時、商品の説明が必要になる。説明ができなければ、せっかく薦めても、その商品をオーダーしてもらえることにはならないのである。

■『飛びつきやすい傾向』と『飽きっぽい傾向』を持つ現代人

現代人の傾向をみると、新しいものに飛びつきやすいという傾向が強い感がある。これは経営側にとっては有利なことであるはずだ。なぜならば、新しいメニューに飛びついてくれる可能性が高いからである。同時に火がつくと、皆がそれに飛びつく。だから、ヒットメニューは生まれやすい。だが、よくあるのは、ヒットメニューを誕生させ繁盛すると、それでずっと繁盛が持続するだろうと考えてしまうことである。ところが、現代人は飛びつきやすい傾向と、飽きっぽい傾向が同居しているのである。したがって、ちょっとでも油断していたら、メニューに飽きられ、店にも飽きられるということが起こりかねないのである。

そこで大切なのは、ヒットしたメニューの部分リニューアルを常に考えていくことである。次のヒットメニューの開発を考えていなくてはならない。

話が変わるが、経営とは終点のないエンドレスの旅と同じである。常に経営状態をチェックして、より良い経営状態になる検討をしていなくてはならない。しかも、これはエンドレスなのである。そしてメニューも同じだ。メニュー開発も次のヒットメニュー、その次のヒットメニューというように、エンドレスなのである。

■メニューに必要な季節感

２０２０年の東京オリンピック招致のプレゼンテーションで美人アナが発した言葉が、

※お・も・て・な・し

である。流行語大賞にも選ばれた。メニューにもこの『おもてなし』の表現がいる。その一つとして考えられるのが、メニューに季節感を盛り込むということである。

例えば、

①ガロニ（付け合わせ）に季節感を出す

②デコレーションに季節感を出す➡いつもパセリかクレソンでは能がない

③シーズンメニューを構成する

というように、メニューに季節感を盛り込む方法はいくらでもある。特にシーズン・スペシャルメニューの構成は、季節感を出すだけでなくいろいろな貢献度がある。その一つは、シーズン・スペシャルメニューは多少高くても納得してもらえるので客単価向上につながることだ。さらに、プライシングが自在という点だ。このように店にとっては貢献度が高い上に、客に『おもてなし』を与えられる有利なメニューなのである。

その経営の仕方が店をダメにする

■繁盛店との差は何か

繁盛店と、繁盛していない店との間にある差は、実はそんなに大きな差ではないのである。「同じようにやっているのに、うちはどうして繁盛しないのか」と首を傾げている経営者がいる。実はその差というのは、一つ一つを取れば小さいことなのである。だから目に見えないのである。だが一つ一つは小さいことでも、それが積み重なっていくと、大きな差になってしまうのだということを認識しなくてはならない。

そこで店が考えなくてはならないのが、

①客との約束は必ず守る
②決めた接客サービスは必ず実行する
③清潔維持の手を抜かない
④見えないところもきれいにする→見られてしまう可能性がある

というように、小さいことを積み重ねる。このようなことを私流にいうならば、『インチ・プレイ』といわせてもらっている。インチは小さいという意味で、プレイは実行だ。これを営業、経営の全てで意識したい。

■営業時間が守れない

開店時間なのに、まだ営業してない。見るとまだ掃除中なのだ。その掃除も、開店時間が遅れたからと、一生懸命やっていれば、まだ許せるがダラダラやっているのである。夜は夜で、オーダーストップ22時30分となっているのに、21時10分なのに、もう従業員一同、帰り仕度をしていて「今日は終わりました」と悪びれる様子もない。

開店が遅れたり、早閉いした理由が、「今日は寝坊してしまったので」とか「今日は暇だったので、早く閉めた」なのだから、開いた口がふさがらない。

■貸切が多くて入れない

せっかくやって来たのに、

※只今の時間貸切です。午後5時から開店致します

貸切というのは、売上が大きくなるので、確かに魅力的だ。だが本当に大事な客は、毎日のようにコツコツとやって来てくれている客なのである。営業はその日、その時間がよければいいというわけではない。こんなことをしてれば、客数減少は必至である。

定休日以外にも休業している

定休日でもないのに、

※本日臨時休業

になっている。どうしようもない事情があってにせよ、本日休業のポスター一枚で片づけられてしまったのでは、わざわざやって来た客はたまったものではない。こんな場合は、せめてお詫びの言葉と、臨時休業になった理由が書かれている必要がある。臨時休業というのは、突発的ではない場合もある。

例えば、「リニューアルのため」とか「慰安旅行のため」といった場合、これは事前に分かっていることである。したがって、少なくても臨時休業をする15日前、理想的なは1ヶ月前から、ポスターやテーブルに置くチラシ等とかで、告示をしておく必要がある。

このような場合も、お詫びの言葉が添えられているのと、ないのでは、かなり与える印象は異なるはずだ。

営業時間にしても、営業日にしても、これは客と交わした約束の一つである。こんな約束が守れないで繁盛などあるはずがない。

■やっているか、どうか分からない店に客は来ない

①店頭に汚れがあったり、片付けられていないものがある
②看板が出ていない、または点灯されていない
③店内で、まだ掃除をしているのが見える
④ドアーを開けたが「いらっしゃいませ」の声がかからない
⑤ドアーが開けっぱなしで、配送された納入品が入口付近に置かれている
……こんな状態になっていたのでは、入店が躊躇されて当然だ。「やっていないのでは？」という懸念がある店には入って来ない。なのに「この辺は早い時間は客が入らない」などと立地のせいにしている。繁盛店は決してこんな状態にはなっていない。開店時間には、接客係が整列して客を迎えるぐらいでなくてはダメだ。そこで、そのようになるためには、

※スタンバイ・マニュアル

をつくる必要がある。さらに、開店2分前には、

※朝礼（全員で挨拶するだけという程度のものでもいい）

を実行して開店する。このようになれば、その店は活気のある生きた店になるはずだ。

誘導のない接客が、稼ぎを逃す

稼げるのに稼げていない店はかなり多い。その原因の一つに、客席稼働率の低さが挙げられる。客席稼働率を高めるためには、店づくりの段階でそれを考えておかなくてはならない。さらに稼働率を上げる営業をしなくてはならない。ランチタイムが忙しい店の場合などは、客席稼働率でかなり売上に差がついてしまうのである。

さて、この客席稼働率を上げるためにはどうしたらいいのかというと、その答えは簡単で、客席への案内誘導を徹底すればいいのである。

通常、案内誘導をしない場合、客席稼働率は60％程度になる。これは満卓になったとき、席は60％しか使用していないということである。40席なら24席しか使用していないということだ。ところが、これは徹底した誘導案内をすれば、80％にアップさせることができるのである。40席で計算するなら、32席は埋まっていることになる。仮にその時間の客単価が900円なら、席の回転が1回転でも、売上増は7200円にもなる。

実際にはランチタイムは最低でも1・2回転はする。ということは、10人客数が増やせば、売上増は9500円にもなる。

クイックリーな提供が重要

ランチタイムに回転数を増やすには、クイックリーな提供が必要だ。クイックリーな提供を行えば、必ず回転数を増やすことが可能になる。そしてそのために、

※ピークタイム・マニュアル

を作成したい。これがあれば、仕込の充実、サービスのスピード化が図れる。

陣頭指揮がされてない

責任者は、

※事あらば最前線

が常識である。稼がなくてはならない時間に店長が、店の事務所で帳簿整理をしていたのではどうしようもない。でも、そんな例が意外に多いのである。

店には、この時間は勝負時間というのが、日に2回はある。その時間は最前線で陣頭指揮にあたらなくてはならない。

そのようになってこそ、従業員全員に頑張りがきく。

せっかくの飲食店商売の利点を活かしていない

飲食店経営の大きな利点は、

①粗利益率が高い

②価格競争業種ではない

ということである。だが、この利点を活かしていない経営者が多い。例えば客が入らないと、すぐ値下げに走り、せっかくの利点2つとも失ってしまうことになる。なぜならば、値下げすることにより、原料費高を生み、粗利率を悪くしてしまうことになる。そんなことをして、客数だけ増やしてもノックアウトされそうな強烈なパンチを受けるだけなのだ。客数が増えることにより、労力が増え、原料費高にプラスして人件費高を起こしてしまうことになる。そこで人件費高を起こさないため、労力が増えた分をそのままの人員体勢でやろうとする。そのためサービスに欠陥が起きてしまう。これでは正に負のスパイラルである。

本当に考えなくてはならないのは、値下げではなく、どうすれば価格を維持できるかなのである。客は、必ずしも値段だけではなく、価値のあるものを求めているのだ。つまり、実際には価格だけで争う商売ではないのである。

飲食店商売の欠点をカバーしろ

飲食店は大きな利点がある反面、欠点が多いことも事実である。その大きな欠点の一つが

①競合に弱い

という点である。しかも競争相手は続々と出店してくる。しかも、競争相手は、同業店だけではない。例えばカフェを例に上げるなら、

①レストラン系の店

②居酒屋系の店↓昼カフェ的な営業をしている店はすでにある

まで競合店なのだ。さらに最近カフェの脅威になっているのが、コンビニエンスストアーである。コンビニエンスストアーは、コーヒー業者が貸してくれるようなコーヒーマシンではなく、トップクラスの高性能マシンを設置して、コーヒーを抽出、質もカフェに劣らないものを提供している。しかも最近では、それ飲むコーナーまでつくり、椅子テーブルまで設置しているのである。こんな競合の中、その競合戦争に勝っていかなくてはならない。そのためには、メニューに確たる売り物を持たなくてはならない。しかも、差別化されたものが必要だ。

商売に目鼻がつくと、ダレてしまう危険

開業してしばらく経過すると、なんとか、やっていけるという目鼻がついた。よかったと、ここでホッとする。なんとかなるとホッとして、このままでいいと考えてしまう人が結構多いようだ。だが、ここで力を抜くことは決して許されないのである。ここで気をひきしめ、さらなる努力をすることが将来の斜陽を防ぐことになる。そして、結果としては、永遠に気を抜くことはできないのである。

儲からなくてもいいなら、商売などやるな

私が開業した店に厳しいアドバイスをすると、「先生そんなに儲からなくてもいいんです」とか、「娘と私がなんとか食べていければいい」という人は多い。経営の目的、それは利益の計上である。したがって、儲からなくてもいいというのは禁句なのである。「食べていければいい」という言葉は、実に矛盾に満ちた言葉だ。なぜならば、食べていけるというのは、儲かっていることなのである。大儲けをする、または大儲けを目論むなどということは考える必要はない。妥当な利益を持続させることを常に考えていたい。

開業後も必要なサービス力の強化

接客サービスというのは、繁盛させるための大きな武器である。したがって、開業前には、サービストレーニングを徹底しなくてはならない。まず、商品知識を徹底させよう。次にマナー等の教育が必要である。例えば、言葉づかい、身だしなみ、テーブルセッティング等とトレーニングしなくてはならないものは数多い。

次に必要なのは、お出迎えから退店までの動作等のトレーニングである。このトレーニングを行うには、そのマニュアルが必要である。それに沿ってトレーニングがすればいい。ただ、そのマニュアルがあまりにも高度であってはならない。なぜならば、高度にしても、できなければ意味ないからである。決めたことを全員でやる。これが第一段階で、これができれば、ある程度のサービス評価は得られるのである。

そして、大事なのは、開業後なのである。開業時にはトレーニングしたが、開業後はまったくやっていないという店が多いのである。

開業後は、サービス向上のためのトレーニングが必要である。そして月を重ねるごとにサービスを向上させていく必要があるわけだ。

気づかい、気配りのサービスが必要

接客サービスで、必要になるのが、気づかい、心配りという接客である。小型店の場合、全員がそれをできるというようになれば理想的なのだが、そうはいかない。したがって、1人がこのサービスができればいい。これで、十分に店内全部に気づかい、気配りが可能である。ではその1人は誰なのかというと、それは経営者である。経営者が調理を担当する場合でも、調理場から気づかい、気配りをし、パート達に指示をしていけばいい。

経験がないので、そのようなサービスはできそうもないというかも知れないが、これはやらなくてはならないし、その気になれば、そんなにむずかしくない。

店長を変えたら売上が増加

あるチェーン店での話だが、ほとんどの店がそれなりの繁盛をしているのに、その店だけが低迷していたのである。ところが店長を変えたら、たちまちトップクラスの繁盛店になった。変わった店長より気づかい、気配りサービスができたのだ。このように、人によっても成績が向上するのが飲食店なので、経営者は人を見抜く目を持っていなくてはならない。

客の期待に応えよ

よく利用する店に対して、客はある種の期待を抱いている。それは「自分はこの店の顧客だ」ということを店が認識してくれているという期待だ。この期待に応えるためには、客の名前を覚えることが重要だ。

「○○様いらっしゃいませ」といわれただけで、客はおおいに満足する。さらに、

①新メニューの開発
②シーズンメニューの構成
③客の好みを覚える
④イベントの開催
⑤定期的なプレゼント↓値段が高くなくても心のあるもの

と、客の期待に応える方法はいくらでもある。よくあるのは、顧客に対して値引きをするというサービスだが、実は値段でサービスされることをさして希望してはいないのである。

また、全体的に店の売値を下げるといったこともあまり芳しくない。なぜならば、自分が利用している店の格が下がったという印象を与えてしまうからである。

開業後も、競合店調査を行う

開業の時は徹底して立地調査をした。当然、その中に競合店の調査もあったはずだ。そして競合店も意識してメニューを決め、メニュー・プライシングもしたはずである。ところが、開業したら6ヶ月経過しても、1年を経過しても、立地変化の調査もしてないし、競合店の調査もしていない。実は立地に変化が起きているかも知れないし、強い競合店が出現しているかも知れないのである。また開業時に調べた競合店も、その時よりグレードアップしているかも知れないのである。したがって、エリア内にある競合店は、3ヶ月に1回ぐらいは調査する必要がある。ただし、上辺だけを見ていたのでダメで、その店が繁盛しているなら、その要因になっているものを深く掘り下げて調査しなくてはならない。

また、繁盛競合店を見てきた人に、その店の感想を聞くと、

①たいしたことなかった

②味は普通だった、あれならうちの方が味がいい

という感想を述べる人がいるが、あなたが間違っている。なぜならその店は繁盛店なのだ。それを「たいしたことない」と感じたあなたがたいしたことがないということだ。

改定がなされないメニューでは、客は掴めない

メニュー構成は開業前にいくら検討に検討を重ねて構成しても、それが絶対というわけではなく、あくまでも想像をもとに構成したものだ。したがって、開業2～3ヶ月後には第1回目の改訂をしなくてはならない。この時必要になるのが、何が何個出ているかという資料である。この資料があれば、

①思った通りのものが出ているか
②まったく出ないのでロスになっているメニューはないか
③全体的な売れ筋の傾向は何なのか
④プライシングで拒否されているメニューはないか

といったことが判断できるのである。したがって、それを基礎にして、カットするメニュー、加えた方がいいメニューを判断し、改定しなくてはならない。

そして、改訂はさらに2～3ヶ月後に実施するといい。これで初めて客のウォンツにも応えたいいメニューができ上がるのである。もし、これを怠れば、それは客のウォンツを無視したメニューということになるので、とても成績向上など望めない。

■ただ長い時間営業しても利益は出ない

最初に営業時間を決めた基になっているのは、立地調査の結果で、中でも近辺競合店が参考になっている。ただし、微妙なことだが、競合店とは店づくりも違うし、メニューも異なる、したがって営業時間は、開業後分析をして変更しなくてはならない。

よくあるのは、成績が芳しくないからと、営業時間を延ばすという例である。だが営業時間は、ただ延ばせばいいというものではない。例えば、夜の営業時間を延ばすというのであれば、その時間に向くメニューも構成しなくてはならないし、朝の営業時間を延ばすというのであれば、魅力あるモーニングメニューの構成がいる。

ただ、それ以上に大切なことは、その時間の採算性なのである。営業時間を延ばせば確かに売上が伸びる可能性はある。だが、そのためにコストがかかることを忘れてはならない。特に人件費が高くつく。したがって、延ばす場合はかなり慎重を要するのである。

いずれにしても、時間帯ごとの売上が判断できる資料が必要で、それを分析すれば、延ばすだけではなく、カットした方がいいという時間も浮き上がる可能性がある。経営は単純に売上を増やすだけではよくならないのである。

既成概念に捉われた営業日、業態になっていないか

例えば、ビジネス街だから日曜、祭日は営業しても商売にならない。ビジネス街だから、深夜には客はいない。このような考え方が既成概念である。だが、都心部においては、このような既成概念は通じなくなりつつある。その要因になったものは、いろいろあるが、

①交通網の充実
②拍車がかかった再開発
③外資系企業の増加

等がその要因だ。まず交通網が充実すると、駅そばという立地が増える。駅は土、日、祭日休んでいるわけではないので、ビジネス街であってもその日に利用する人が結構いる。

再開発にはショッピング要素とか、飲食店要素といった、ビジネス以外の要素がついてくる。それがその日の営業を可能にする。次に外資系の企業の増加である。外資系企業の場合、その日が休みとは限らない。例えば、東京の神谷町とか、虎の門あたりは、外資系企業が多いことで知られている地域だが、土曜など平日と変わらない繁盛をしている店が数多くある。だから開業後も、地域の立地変化を定期的に調査しなくてはならないのである。

どの時間に攻撃をかけるか

売上を向上させる。これは店にとっては永遠のテーマなのだが、利益が伴う売上の向上でなくては意味がない。売上が時間別で統計されていれば、どの時間に攻撃をかけなくてはならないのかということは、おのずと分かる。だが、ここで間違いをおかす経営者が多い。それは、暇な時間を忙しくするという攻撃をかけようとすることである。実は暇な時間を忙しくする攻撃はかけなくてはならないが、これはかなりむずかしいことなのである。よくやっている攻撃は、その時間は割引にするとか、何かをサービスするというやり方だ。しかし、これでは、利益がともなう売上増になるかどうかかなり疑問なのである。実はまずやらなくてはならないのが、忙しい時間をより一層稼ぐことなのである。これは暇な時間を忙しくすることに比べれば、はるかにたやすいことなのである。もし、その時間に満卓で客を帰してしまっているというのなら、その客を帰さないことを考えるだけでいいのだ。

巧みな席への誘導を実行すれば、実際にはもっと客を入れられるのである。これを実行してから暇な時間の売上を増やすことを考えよう。忙しい時間をより忙しくしたことで、余裕があれば、ただ値引きなどという安易な政策をとらないで攻撃できるはずである。

深夜『居酒屋』になるファミリーレストランに学ぶ

飲食店の業態に既成概念というものが存在する。だが、これも立地の変化等で変化する。だから、メニューも既成概念を振り回すことはできないのである。

東京・八丁堀にある有名チェーンのファミリーレストランは当然、深夜営業である。近辺はビジネス街である。この店は夜11時を過ぎたころから、続々と客がやって来てピークタイムの様相を呈する。しかも客層はというと、カップルでもファミリーでもなく、そのほとんどがサラリーマンなのである。

オーダーされているのが、ビール、焼酎のカクテル、ハイボール、ワインとサイドディッシュなのである。午後12時には、まさに明るい『居酒屋』の様相を呈する。聞くと、ビジネス街にある同チェーン店は、この様相を呈している店が多いそうである。これを見れば、業態の既成概念は捨ててかからなくてはならないことが分かる。

見方を変えていえば、居酒屋も、ファミリーレストランに負けないよう注意がいるということである。

■主力商品を無料にするという無謀さ

マスメディアで紹介されるのは、

①安くてボリュームのあるランチ

②値上げはしないで頑張っている店

といまだに、デフレスパイラルを援護するような情報が多い。だが、店を見ると、安くしなくてはとても売れるようにならないチープな店づくりだったり、お粗末な接客だったりする店が多いのである。そんな中に、

※お酒は無料

という居酒店が紹介された。お酒は無料にしても、店にやって来てくれ、食べ物をオーダーしてもらえば、やっていけるというのが経営者の考えらしい。お酒は無料にして、やって来た客が500円程度の食べ物を2品しかとらなかったら、いったいどうやって帳尻を合わせるのか。どう考えても合うはずがないのである。

第一、居酒屋にとって、酒は主力商品である。その主力商品を無料だというのは、魂を売り飛ばしたようなもの。これが政策だと考えているのなら、それはもう経営とはいえない。

■顧客名簿もつくっていない

開業して1年も経過しているのに、顧客名簿がない。もちろん顧客名簿は一朝一夕にはできないが、開業して6ヶ月経っても顧客名簿がないのではどうしようもない。顧客名簿を上手に活用すれば、かなり販促に役立つものになる。例えば、

①誕生日の来店を促す
②季節ごとのメニュー案内を送る
③イベント開催の案内を送る

というようなことをやれば、それが来店につながっていくのである。

■顧客名簿をサービスに利用する

顧客名簿は店内の接客でも活用かすことが可能だ。例えば料理がオーダーされ、それが好みどおりに仕上がって出てくる。オーダーされる度に、焼き方やソースはどうするか、と聞くより「焼き方はミディアム・ウェルダンで、ソースは赤ワインソースでよろしいですか」といえば、自分のことをちゃんと覚えていてくれていると、客は大いに満足するはずだ。

■顧客優先が店の斜陽につながる

顧客だけを優先する。どうしてもそうなりがちなのであるが、あからさまに顧客だけを優先するのは芳しくない。なぜならば、その様子が初めて来た客にあからさまに見えてしまうと、その客にいい印象を抱いてもらえないからである。実は新しい客は顧客の候補者なのである。現在の顧客というのは、永久に顧客でいてくれるという保証はまったくない。年を取ったり、住居が変わるといったことで顧客も自然に減っていく。なのに新顧客が増えていないということになれば、結果として客数減につながってしまうのである。新しい客には分からないように『あなたはうちのお得意様ですよ』という接客を心掛けよう。

■販促のネタを探せ

販売促進をするには何かネタになることを探すとやりやすい。そのネタとして使えるのが

※国民行事日

である。例えばバレンタインデイ、ハロウィン、クリスマス等行事日は沢山ある。それに合わせ販促のDM等を行うといい。

儲けるためのコストダウンとは

コストダウンといっても、それが客から納得されないものであれば意味がない。例えば、

①メニューのグレードを落とす

②メニューの量を減らす

③人員を極端に削減し、サービス等に歪みが出る

というようなものでは、客には納得してもらえるはずがない。コストダウンというのは、客の納得を得られる形で実行していかなくてはならない。

さて、コストダウンの中心となるのは、原料費と人件費である。もちろん、他にもコストはかかっているのだが、原料費と人件費に比べれば比率が低いので、中心になるのが原料費と人件費になるわけだ。

まず、人件費の削減を図るためには、時間帯ごとの売上から分析しなくてはならない。これをやると売上が少ないのに、意外と人員が余分にいるという時間が分かるのである。その時間の人員は削減しても客に迷惑をかけることはないはずである。

次に考えなくてはならないのが、営業時間の適否の判断である。実は営業していても無駄な時間を営業している例は多いのである。それをカットすれば、微小な売上減で大きな人件

費ダウンになる例はかなりの店で見てきている。

なお、よくあるのが、開業地の辺りの時給相場はいくらぐらいか調べて時給を決める例だ。しかし、こんなことに捉われる必要はない。本当に必要な時間だけ雇用できるのであれば、時給は多少上がってもいいのである。

次に原料費のコストダウンでまず考えなくてはならないのは、仕込ロスが起きていないかのチェックである。調理工程で起きやすいのはボール、鍋等に付着する付着ロスである。工程の見直しは常に行う必要がある。次にチェックしなくてはならないのが仕入れ値である。材料の価格というのは、変動するのが普通である。したがって、材料相場の情報は常に注意しなければならない。最新情報があれば、交渉で下げてもらえる可能性は大なのである。

次に注意がいるのが計り込みというロスである。例えば、ハイボールは30㎖で作ると決めてあるのに、それに35㎖使用したりすると、コストアップにつながってしまうことになる。さらに注意がいるのが、在庫ロスである。これを起こさないためには、仕入れている食材について知識を吸収するということをなさなくてはならない。それらの日持ち、保存法等の知識に長けていれば、このロスは極端に減ることになる。

■コストダウンにつながる設備の検討

コストダウンを徹底して行うためには、コストダウンにつながる設備の設置も検討しなくてはならない。コストダウンにつながる設備は結構ある。それは次のようなものである。

①エスプレッソ・コーヒーマシン→これは手立てのコーヒーと比べると、直接コストが下げられるし、機種によっては、全自動でメニュー10～12種のセットができ、ボタンを押すだけで提供できるので、パートにもでき、人件費コストも下がる

②スチームコンベクションオーブン→ 焼く、煮る、茹でる、蒸すという作業が可能な設備。これは、メニューは約100品程度登録できるので、パートが作業しても安定したでき栄えになるので、結果として人件費コストを下げることが可能になるし、メニューの安定性も高くなる。

③ソースウォーマー、フードウォーマー→つくったソースとか、ガロニを湯煎等で加熱しておける機器なので、能率効率がアップするので人経費コストを下げることができる

④食器洗浄機→店によっては、洗い場に人をとられてしまう。しかも洗ったもののでき栄えが悪い可能性もあり、この設置は人件費コストを大きく下げることが可能

⑤ワインセーバー→グラスワインを売る場合の欠点は、ワインの質がすぐ落ちてしまう

ということで、酸化を防ぐための手動の空気抜きがあるのだが、これでも結構早く酸化してしまうが、この設備があれば、品質保持が可能になるので、結果原料コストが下げられることになる↓かなり高額な設備であったが、最近は比較的設置しやすいものもある

⑥ジェラートマシン↓アイスクリームをつくるマシンで、アイスクリームは仕入に頼るとかなり原料比率は高くなるが、これで自家製のものをつくれば、かなりの原料コストダウンにつながるといっていい↓業態によっては設置を考えるべき設備

……以上は一部である。開業の時、設置を考えたいのだが、設置費が高いものもあるので、後日の設置でもいい。そして、後日設置の予定があるなら、開業計画の設計で、それを意識した付帯設備等の設計計画を進めておかなくてはならない。

このようにしておかないと後日設置する時に、設計計画が不備なので設置ができないということが起きてしまう。なお、機械設備の場合、その技術はかなり進歩している。したがって、省エネ型の設備もかなりあるので、これも検討しなくてはならない。水道光熱コストのダウンにつながることになるのだ。

妥協の人使いでは、客に支持される店にはなれない

現代は、ある意味では求人難であることは否めない。だから、確保した従業員が満足できない人でも我慢して使っていく。こんなことになっていないか。

これでは、優秀だという店には成り得ない。したがって、雇用した従業員は、徹底して教育していく必要がある。こんな時、あまり徹底した教育したら、やめられてしまうのではないか。こんなことを考えているようでは、有能な従業員は絶対に育ってはいかない。実は意外に甘やかしている店の方が、厳しい店より定着性が悪いのである。やめる人は甘くしてもやめていくのである。

さて、よくある例の一つとして、ママ友がいるから、親戚の子がいるからといって、その人を雇用するという例である。もちろん、これが悪いということではないのだが、そのような人をきちんと教育していけるのだろうか。

ママ友だから親戚の子だからといって、いいたいこともいえないではどうしようもない。また相手にも甘えがある可能性も高い。だから、友達感覚のような勤務になってしまうのである。これでは、客に納得してもらえる調理も接客もできないのである。

間違いだらけの計数管理

なぜか計数管理が問題にならない

戦後すぐの飲食店は、計数管理とは程遠い『どんぶり勘定』で経営をしていた店がほとんどだった。競合も少なかったので、それでもやっていけたのである。その後、競合が増えることにより、計数管理の必要性が叫ばれるようになった。ちなみに計数管理を実践した店は成長していったのである。ところがここ5年ほど、あまりそれが重視されていないように見える。特に、小型店ではその傾向が非常に強い。だが、今日のように競合サバイバル戦争が激しい時代にあっては、計数管理を徹底して行わなくてはならないのである。ここは昔帰りの、『どんぶり勘定』というわけにはいかないのである。

実は計数管理が、

①経費体質の欠点を見つけてくれる↓どこを改善したらいいのかを教えてくれる
②営業上攻めなくてはならないとこはどこなのかを教えてくれる↓営業時間、営業日の適否等
③メニュー構成の適否を教えてくれる↓改訂の要点等

といったすごい武器になるのだ。だから今こそ真の計数管理が必要なのである。

売上の伸びは、最低103％は必要

売上は毎年伸ばしていかなくてはならない。でも、不況期に売上の伸びはむずかしいのではないかと考えるかも知れない。でもそれは、伸ばせていない店のいい訳にすぎない。

本当に優秀な店は不況などを理由にすることはないのである。では売上の推移はどのようにして見たらいいのかというと、それは対前年同月売上比で見ればいい。では、どのぐらいの伸びがあったらいいのかというと、まず横ばい数字を知らなくてはならない。通常横ばいというのは対前年100％を指すのだが、これはデフレスパイラル時代の数字である。

通常は102～103％が横ばい数字だと考えなくてはならない。なぜならば、100％では物価上昇率についていけないからである。

では、伸びはどの程度あったらいいのかというと、それは別掲23で示した。当然、伸び率は年を追うごとに低率にはなるが、永久にやらなくてはならないのが103％以上の伸びなのである。

別掲23　　　　　　　　　　　　　　　　　％

年　　　　度	対前年同月
初年～２年度	120～140
２年度～３年度	115～135
３年度～４年度	110～130
４年度～５年度	105～125

斜陽期は必ずやってくる

永遠にやらなくてはならないのが対前年同月売上比１０３％の伸びだが、実は斜陽期はどこかでやってくる。私が指導している店で統計すると、斜陽期は10年前後でやってくる例が多い。そこで、店は毎年部分的な見直しをしていく必要がある。これが実行されていれば斜陽期は先に延びるのである。ところが、斜陽期が先に延びれば、店の老朽化の方が先にやってくる。したがって、そこでリニューアルを考え、大きな見直しをすればいい。いくら部分見直しをしていても10年も経てば、かなり時代から遅れているということが起きる。だから、それらを修正するという大きな見直しが必要なのである。

さて、ここでは注意しなくてはならないことがある。それは過去の栄光、例えばこうやって繁盛させてきたという栄光だ。これに捉われてしまうと、実は今が見えなくなってしまうのである。一回全てをゼロにして、時代がどう変化しているのか、客のウォンツがどう変化しているのか、ということを調査し、今後どのようにすべきかということを検討しなくてはならない。客はリニューアルで新しくなった店、どのように変わったのかと期待をもってやってくる。この期待を裏切ることは許されない。

売上の詳細を知れ

まず売上高は次のように管理する必要がある。

※時間別売上

1時間ずつでの管理が理想だが、少なくても2時間ずつの管理が必要である。これができていれば、それを月間で統計することにより、

①営業時間の適否→無駄な営業時間に営業してないかどこか

②時間別の客単価→客単価向上を図る必要があるのはどこか

③時間当たりの従業人員の適否→勤務シフト作成の基礎になる

といったことが的確に判断できることになる。

※曜日別売上

売上は曜日によって異なる場合が多い。そこで別掲24のようなものができていれば、

別掲24

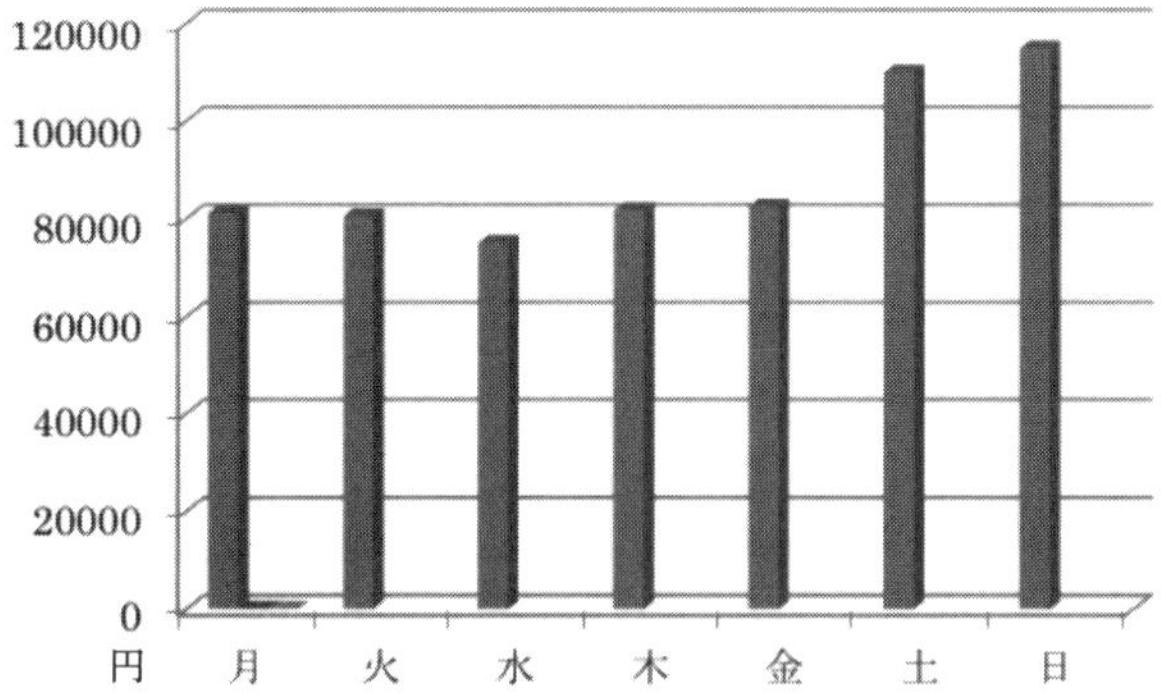

①定休日をつくるなら何曜日がいいのか↓別掲の例では定休日はなしでやるべき

②曜日別の従業人員の適否が判断できる。なお別掲24でいうなら、このエリアは土、日、繁盛型のエリアだと推定できる。そのようなエリアの場合、その日の売上はもっと大きくなるはずだ。ということはこの例の店は土、日の営業方法、メニュー構成に検討が必要だということになる。

※部門別売上

売上が多部門にわたっている場合、例えば、

①店内売上↓客席を使用しての売上

②出前売上↓客席を使用してない売上

③テイクアウト売上↓客が持ち帰った売上↓ケーキ、弁当等

別掲25～1　年間売上推移

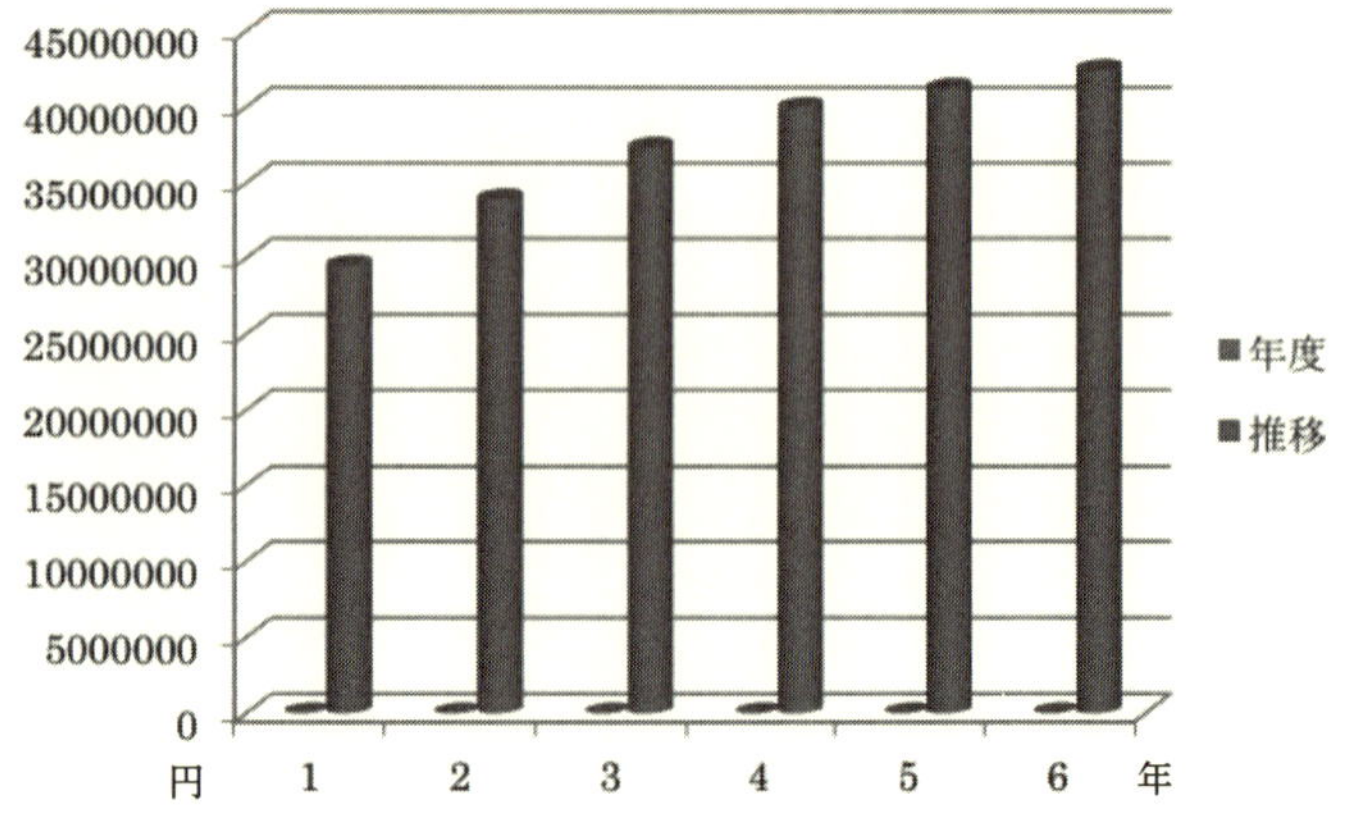

④商品売上↓飲食ではない売上↓仕入比率が高いのが特徴

というように分かれて計上されている必要がある。

※売上推移グラフ

売上は月間推移と年間推移をグラフにしておくといい。別掲25（1、2）がその例だが、この方が数字だけを追うより、はるかに判断しやすくなるといっていい。

別掲25～2　月間売上推移

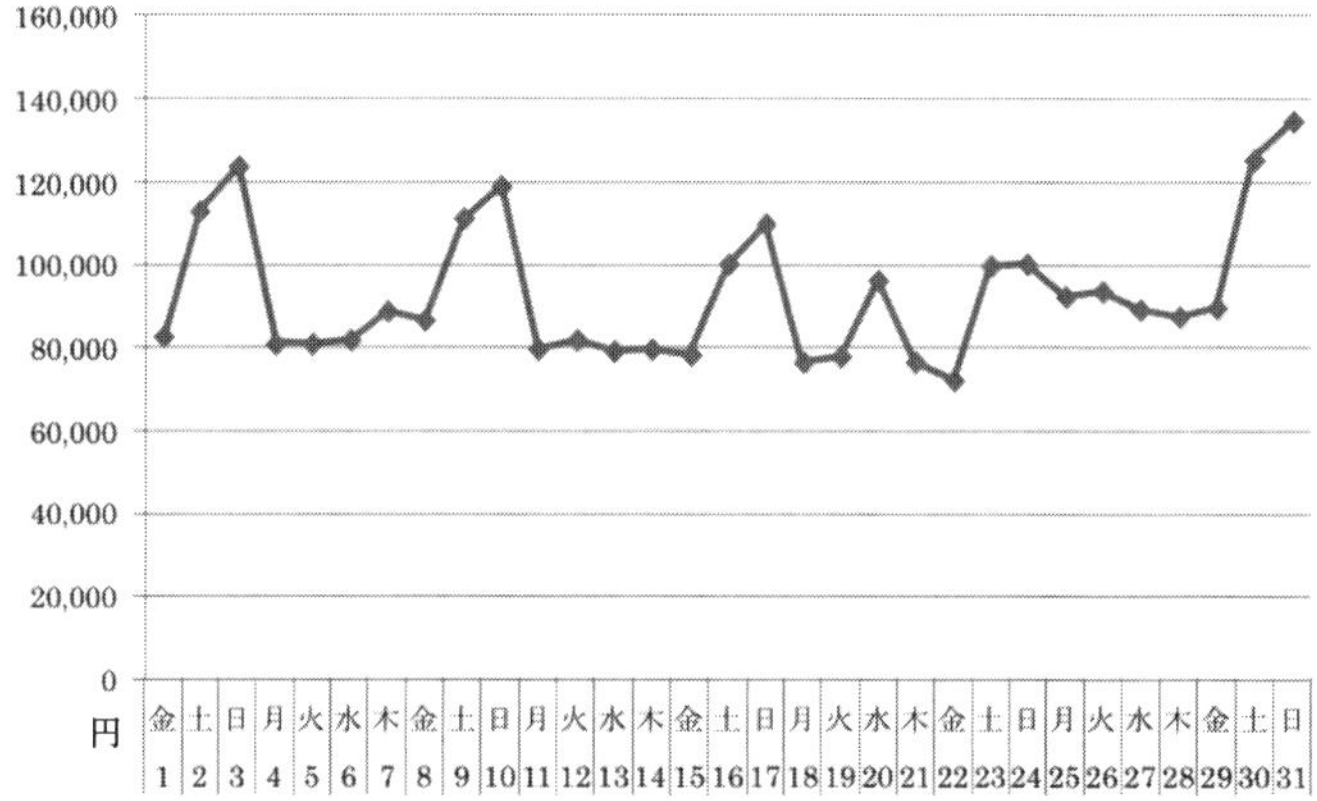

原料費管理に必要なこと

※レシピの作成とテスト

原料費の徹底管理をするためには、まず店の全品メニューのレシピを作成しなくてはならない。そして、そのレシピを元に全品のテストをして、レシピの修正をする。修正したレシピから、個々のメニューの原料費を計算する。これが開業前の仕事である。これが原料管理をする上での基本である。

※決めた通りの調理作業をする

基本は、決めたら決めた通りの作業がなされなくてはならない。よくあるのは、せっかく決めがあるのに、決めた通りにやっていない例だが、これでは原料費の管理は徹底できないし、メニューのグレードも保っていくことはできない。

※仕入比率による管理

管理方法は幅広い。だが最も大事なのは「計算より原料費がかかってしまった」という状況を防がなくてはならないということである。そのために作成したいのが、原料管理票である。これは、毎日の売上と、毎日の仕入を対比させていく方法で、その作成例は、別掲26である。これの記入法で注意しなくてはならないのは、開業前仕入はここに記入せず、開業当日の仕入から記入するという点である。さらに、この書類には欠点があることを認識しておく必要がある。

その欠点とは、仕入で記入している点だ。仕入高というのは買ったもので、原料費ではないということである。したがって正確な原料費は多少ギャップがあるということである。

だが、飲食店の場合、よほどのことがない限り、在庫が極端に増えたり、減ったりすることはなく一定在庫になるのが普通である。ということは、買った

別掲26

日付	売上高		仕入高		%
	当日売上高	累計売上高	当日仕入高	累計仕入高	
1	85,350		23,498		27.5%
2	83,930	169,280	26,200	49,698	29.4%
3	84,640	253,920	20,350	70,048	27.6%
4	84,210	338,130	22,000	92,048	27.2%
31	86,250	2,550,870		734,560	28.8%

別掲27

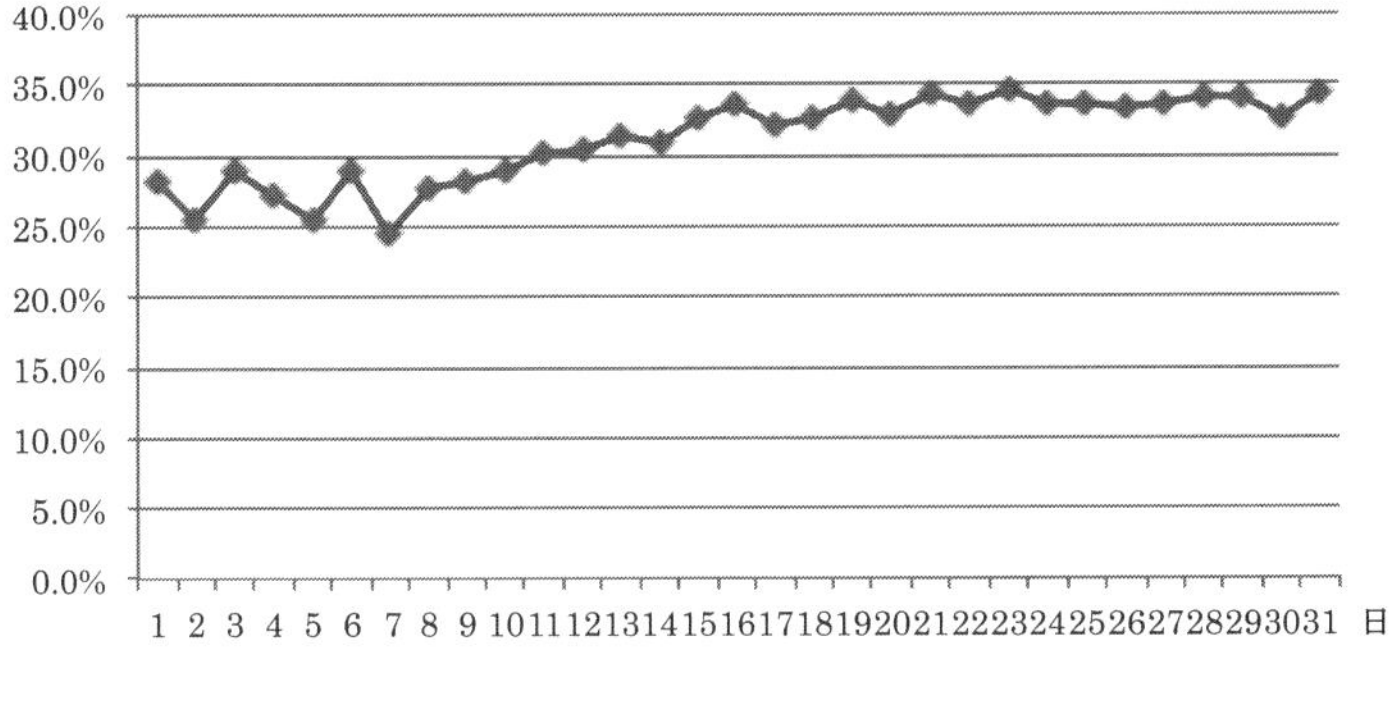

ものは使ったものに等しくなるので、そんなに原料費とギャップが出ないといっていい。別掲27はパーセントの推移をグラフにしたものである。開業当初はパーセントの下の数字と上の数字の間隔は広いのだが、数ヶ月経つと、その幅はせばまってくる。そして、それが店のパーセントの傾向になるので、その間を行ったり来たりして

別掲27　開業当初

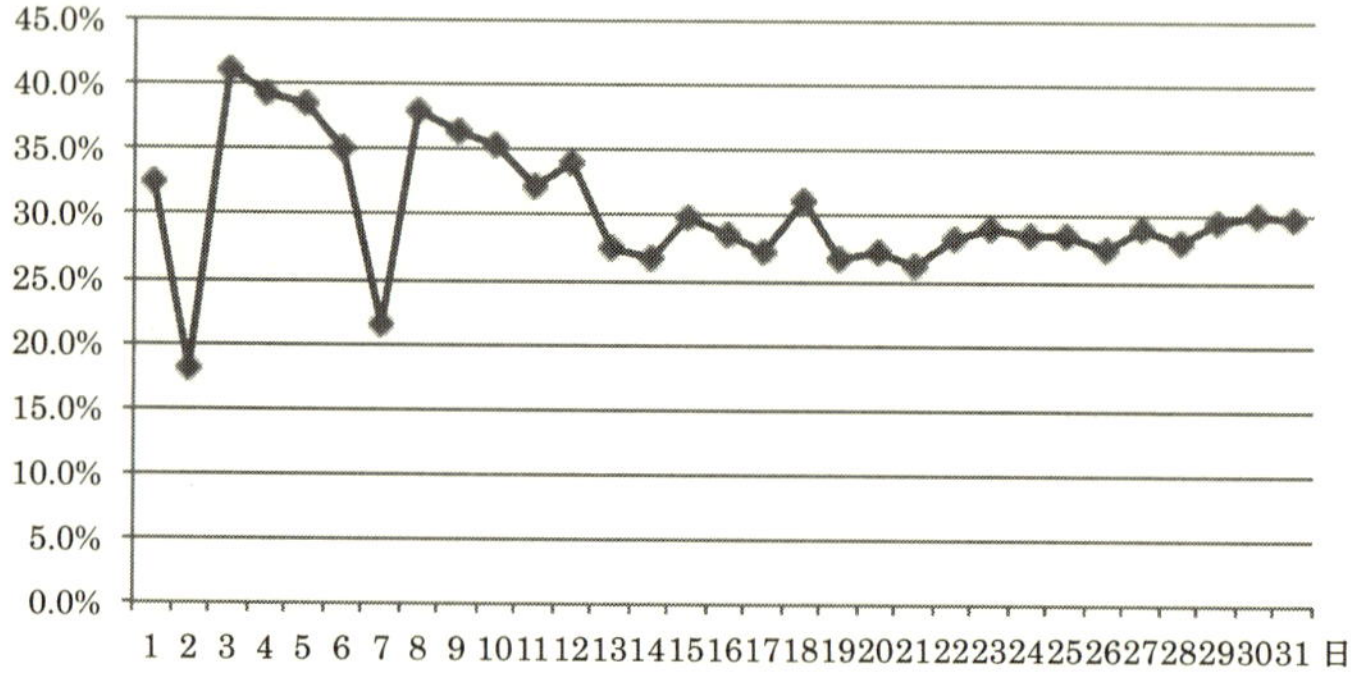

別掲27　数ヶ月後

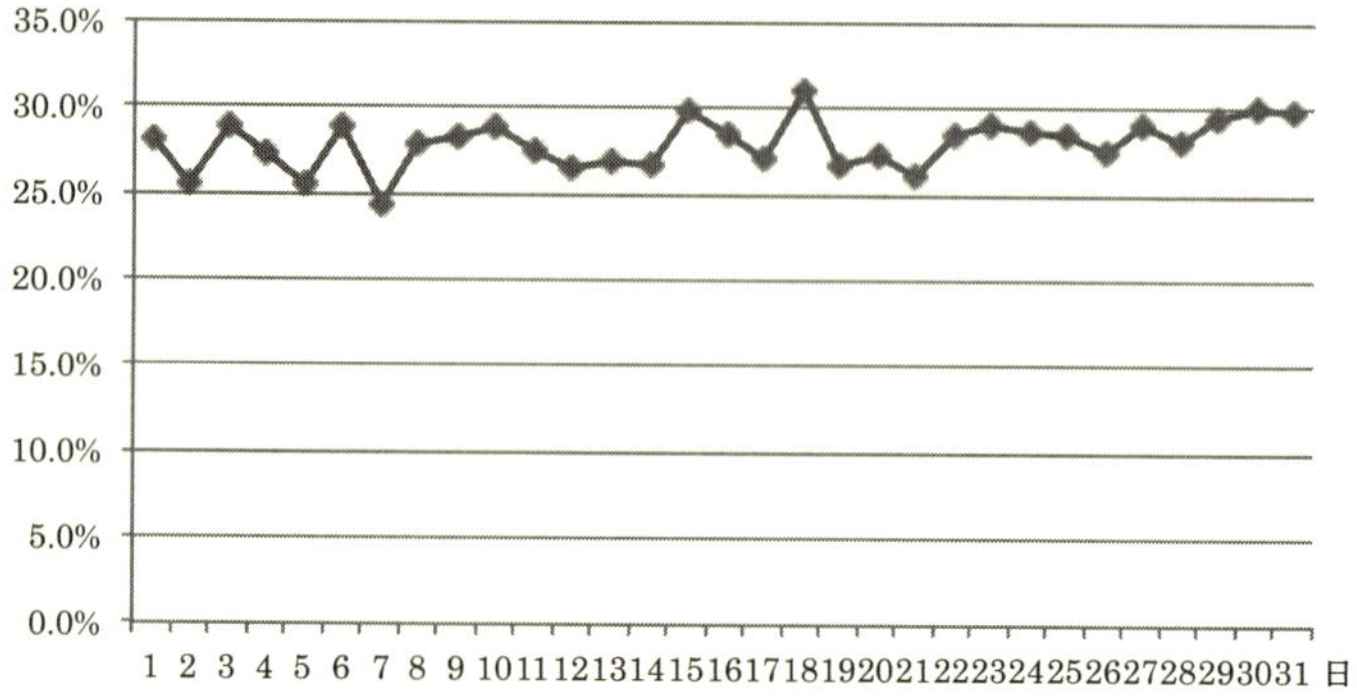

いれば、原料は正しく使われているということになる。さて、別掲28を見てもらおう。これが何か起きている時のグラフである。このようなグラフになったら何が起きているのかを調査しなくてはならない。調査のポイントになるものは、

①在庫が増えていないか→在庫が増加している場合は、この傾向が起きてもかまわない、早晩パーセントは下がってくる→在庫が増えるというのはそこに金が寝ているということなので、経営的には芳しくない

②売上構成比が変化している→この場合売上に変化がおきるのですぐ判断できるし、これでパーセントが上昇したり下降したりする

③ロスがおきている→仕込んだが出ないのでロスになる、作業ミスが多くてロスになる

④決めた通りやっていない→計り込みになっている例はかなり多い

別掲28

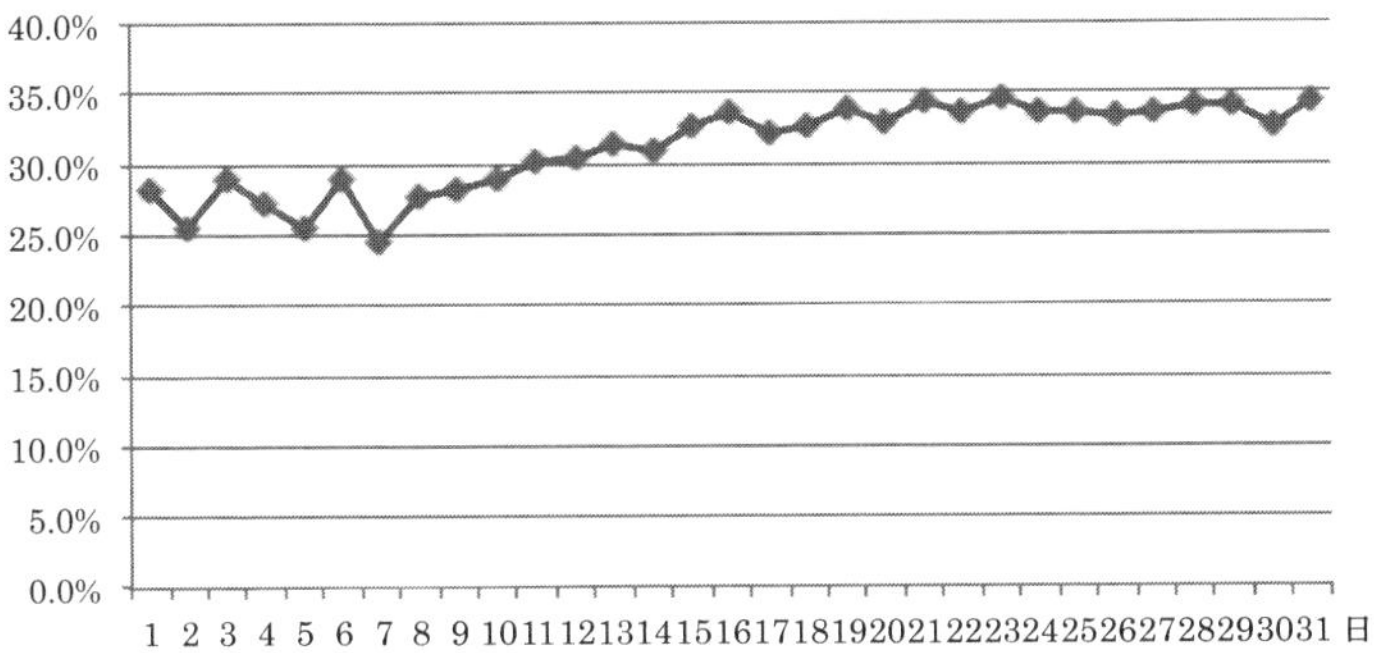

……といったことを調査し改善しなくてはならない。

※結構ある納入時ロス

ロスは納入時におきてしまっている可能性がある。例えば、

①目方が不足

②数が不足

③仕入価格が違う

④仕入時に傷んでいる

という例がある。したがって、検品、検量は徹底して行う必要がある。同時に仕入単価に違いがないかといったことも必ず確認しなくてはならない。

別に納入業者を疑う訳ではないが、業者側にだって間違いがないとはいいきれない。だから検品検量を行うのは当然のことなのである。

なお、納入業者が知り合いだったり、義理があったりする業者なのではっきり物がいえないという例があるが、これは改める必要がある。もし、義理があったりして物がいえないというのなら業者変更もやむをえない。

人件費を制さなくては経営を制することはできない

人件費は経費の中で最も大きな経費である。したがってこの管理がズサンだと利益計上など望むべくもない。

※『**ものさし**』**数字の認識**

人件費の『ものさし数字』になるものは数多くあるが、最も重視しなくてはならないのは労働分配率である。労働分配率というのは、粗利益に対する人件費の割合で、計算は別掲29で行う。その、『ものさし数字』は別掲30である。この数値をオーバーする場合、人件費がかかりすぎということになる。

※**最重要経費からの判断**

これは私流の数字で、

・原料費＋人件費

が最重要経費である。この2つをプラスしたものが、

・60％

別掲 29

$$労働分配率＝\frac{人件費}{売上高－原料費}$$

別掲 30

原料費	労働分配率
20％	46％
25％	42％
30％	38％
35％	34％
40％	30％

になれば、それが体質としては理想に近い体質である。まず、自店でかかる原料費が何%なのかを把握しよう。もし20%なら、人件費は対売上の40%かけられるという判断になる。

そして、これが60%というのはあくまでも最高値である。したがって年を追うごとに、58%、57%にと下げていき、55%になれば理想体質といえる。

そしてこれが60%になれば、労働分配率も適正値になるはずだ。

※人件費がかかりすぎている場合のチェックポイント

①総体的に人員が多い

②給与等が高い人が多い

③売上が少ない時間に人員が多い

といったところをチェックするといい。必ずどこかに無駄があるはずだ。

諸経費は小さい費用だが、管理は必要

諸経費とは、原料費、人件費、家賃、減価償却費、金利を除く、諸々の経費のことで、別掲31がこれに当たる。分類番号がⅠ～Ⅳまでついているが、これは性格が似通った経費を分けた分類である。

別掲 31

分類	諸経費項目
Ⅰ	水道光熱費
	冷暖房費
	燃料費
Ⅱ	消耗品費
	消耗備品費
	修繕費
	事務用品費
Ⅲ	宣伝広告費
	接対交際費
	諸会費
Ⅳ	通信費
	保険料
	公租公課
	研究費
	新聞図書費
	サービス費
	雑費

※諸経費の特徴

まず、Ⅰの分類に属する経費だが、これは管理可能費である。つまり節約が可能な経費である。したがって、基準値を上回っていれば、どこかに無駄が考えられ、節約を検討しなくてはならない。

次にⅡの分類に属する経費だが、これも管理可能費である。したがってⅠと同じように基準値を上回れば、どこかに無駄があるので、節約を検討しなくてはならない。

次にⅢの経費だが、Ⅰ、Ⅱはかかってくる経費なのであるが、Ⅲはかけていく経費になる。

つまり、まったくかけないということも成立する。したがって数値を決めてかけていく

ということになる。

　最後のⅣの経費だが、個々には管理可能なものもあるのだが、どちらかというと管理不可能費である。

……以上で分かると思うが、諸経費の管理は、Ⅰ、Ⅱで重点的に行うことになる。

※諸経費の『ものさし』

　諸経費の『ものさし数字』は別掲32になる。諸経費が4分類されているので、どの部分に欠点があるのか、判断がしやすくなる。

※水漏れ等による経費高

　メーター前でもれているなら関係ないが、メーターを通った後で、水漏れがあると大変なことになる。水道代は下水代もついてくるので大きな数字になってしまう。いつもより高いなという場合は、この水漏れをチェックしてみる必要がある。

※諸経費と開業計画との関連

別掲32

分類	カフェ系	バー系	レストラン居酒屋系
Ⅰ	4～5％	3～4％	5％前後
Ⅱ	3％前後	3％前後	2％前後
Ⅲ	2％前後	2％前後	2％前後
Ⅳ	2％前後	2％前後	2％前後
合計	11～12％	10～11％	11％前後

諸経費は開業計画と深い関連性がある。例えば、
①必要以上に大きい能力の厨房設備を設置してしまっている
②必要以上の能力の冷暖房機を設置してしまっている
③照明機器の灯数が多すぎる、ワット数が大きすぎる
といったことになれば、諸経費は高くなるので注意が必要だ。また、最近は設備が省エネモードになっているものもあるので、それを設置する必要がある。

さらに、照明もＬＥＤライトを採用すれば、かなり電気代は節約できるといっていい。

※諸経費の管理はマニュアルが関連する

①電気を消し忘れて帰ってしまう
②流しの水がチョロチョロ出たまま帰ってしまう
③冷暖房を消し忘れて帰ってしまう

このようなことがあれば、諸経費の節減はできない。マニュアルとかチェックリストを作成して、このような無駄を防止したい。

儲かる体質を知れ

儲けていくためには、儲かる経費体質を知らなくてはならない。そして、それに近づけるように管理していく必要がある。よくあるのは「それは無理だ」とか「できない」といっている例だが、何のの努力もしないで無理だなどといっているようでは、いくら繁盛させても利益の得られる店にはなれないのである。別掲33を見てもらおう。これが標準的な体質である。そして、これは決して無理な数値は出していない。なぜなら、達成できている店は数多くあるからである。

※経営は難しいものではない

経営はむずかしく考える必要はない。なぜならば、管理できる経費は、原料費、人件費、諸経費の3つしかないからである。したがって、この数

別掲 33

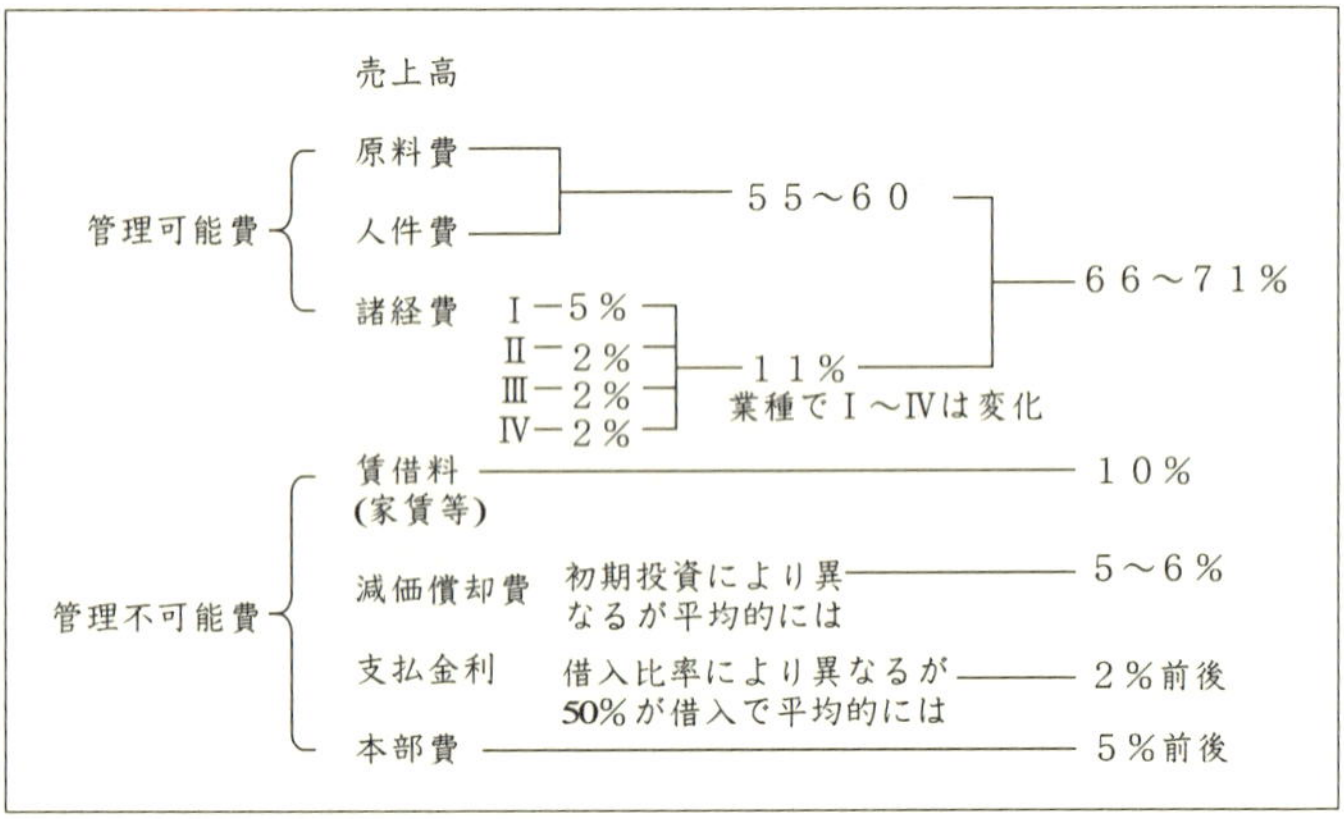

値に出た欠点を徹底して改善していく。それが経営なのである。この管理可能費をさらに突っ込んで考えるなら、大きい経費は、原料費と人件費である。したがって、これを最重要経費としている。この最重要経費は売上の半分以上を占める経費である。したがって、これを重点的に管理しなくてはならない。

※初期条件というのは開業計画の判断

初期条件は開業後、これを管理することはできない。「成績が悪いから家賃を下げてくれ」とか、「金利を負けてくれ」とはいえないのである。これは開業計画の段階で、その初期条件でやっていけるのかということを判断しなくてはならないのである。

なお、ここで錯覚してはならないのは、初期条件数字は低いほど採算はとりやすいということになるが、これは低ければいいというものではない。例えば、いくら家賃が安くても客が見込めない立地ではダメなのである。また減価償却費を低くするためには、内装設備等の初期投資を抑えれば低くなるのだが、客から支持されない店になっていたり、調理作業に影響するような店になっていたのではダメなのである。

したがって、初期条件は立地等とのバランスなので、そのバランスが取れているかを判断する必要がある。

※家賃比率は業種でやや異なる

別掲の表では家賃比率は10％としてあるが、これは業種により多少『ものさし数字』は異なる。10％は居酒屋系とかレストラン系、バー系の『ものさし数字』である。カフェの場合は、12～13％が『ものさし数字』になる。その比率が高くなった分は最重要経費を57～58％を基本にすればいい。カフェ系の場合は、原料比率が低いので、それは可能である。

※売上の妥当性の判断

現在の売上の妥当性は、家賃比率が適正か否かで判断できる。家賃比率が『ものさし数字』にあてはまれば、妥当な売上だということになる。次の重要な『ものさし数字』になるのが、

※使用総資本回転数

である。使用総資本というのは、

別掲 34

$$使用総資本回転数 = \frac{売上高/年}{使用総資本}$$

別掲 35

業種	使用総資本回転数			備考
	小型店	中型店	大型店	
カフェ	1.3	1.1	0.8	
カフェ・レストラン	1.8	1.6	1.3	
居酒屋系	2.0	1.8	1.6	
バー系	1.8	1.6	1.4	ホステスがいない業態
レストラン系	2.0	1.8	1.6	

①店舗取得費（敷金、礼金、保証金、仲介手数料等）
②内外装設備費
③什器備品
④開業経費

をプラスしたものである。計算は別掲34で行い、その『ものさし数字』になるのが別掲35になる。この数値を上回っていれば、売上は妥当だということができる。

なお、自家を使用したりして、店舗取得費がかからなかった場合は、借りたらいくらかかっていたかを推定して、それをプラスしたものを使用総資本としなくてはならない。

経営の目的は利益の計上である

経営の目的はあくまでも利益の計上である。ところが経営者の中には、目的を売上においてしまっている人もいる。そのような場合、売上増加を目論むあまり、薄利で売上を増やしている例が多いのである。そんなやり方で起きることは、利益が減り、かえって赤字になってしまうということなのである。

※利益はどの程度出せればいいのか

利益には、粗利益、営業利益と純利益がある。別掲36を見てもらえれば、それぞれの利益は理解できるはずである。中で最も重視しなくてはならないのが営業利益率である。営業利益率は、別掲37で計算する。では、

別掲 36

	項目	摘要
A	売上高	
B	原料費	
C	粗利益高	A−B
D	人件費	
	諸経費 Ⅰ	
	Ⅱ	
	Ⅲ	
	Ⅳ	
E	合計	
F	賃借料	
G	減価償却費	
H	売上原価	B+D+E+F+G
I	営業利益	A−H
J	支払金利	
K	本部経費	
L	純利益	I−J−K
M	法人税等	
N	税引後利益	L−M
O	キャッシュフロー	G+N

どのくらいあったらいいのかというと、

※12～15％以上

である。そして、売上が妥当な数値なのに、これが大幅に少ない場合、経営の仕方に欠点があるということになる。

※最も重要なものはキャッシュフロー

経営上大事なものは損益状況である。したがって損益の状況は毎月確認しなくてはならない。そこに現れた数値から、常に改善を心掛ける。これが経営である。

だが、損益が黒か赤かということより、実はもっと大事なものがある。それは何なのかというと、

※キャッシュフロー

である。キャッシュフローは別掲38を見れば分かると思うが、単純には、

※減価償却費＋税引後利益

で手許に残る金で、借入があるなら、これが返済可能金でもある。ここが大きくなれば結果として、

別掲37

$$営業利益率 = \frac{営業利益}{売上高} \times 100$$

※資金回収速度は早くなる。現代のような競合戦争時代には、資金回収速度が早いということは、それは大事なことになるはずだ、なぜならば、これが遅いと未回収のうちに、競合負けをしてしまう可能性がなきにしもあらずだからである。

資金回収が早い場合、そこには『ゆとり』というものが出る。そしてゆとりが出れば、いいアイディアも出てくるということになり、経営もうまくいくことになる。

別掲 38（1）

項目	金額(千円)	%
売上高	33,600	
原料費	9,438	28.1
粗利益高	24,162	
人件費	10,556	31.4
諸経費　Ⅰ	1,680	5.0
Ⅱ	753	2.2
Ⅲ	699	2.1
Ⅳ	598	1.8
合計	3,730	11.1
賃借料	3,720	11.1
減価償却費	1,350	4.5
売上原価	28,794	
営業利益	4,806	
支払金利	525	
本部経費	3,000	
純利益	1,281	
法人税等	640	
税引後利益	641	
キャッシュフロー	1,991	

別掲 38（2）

償却可能資産

(15, 000千円－1, 500千円)÷１０年＝1, 350

残存価格といって
昇格できない部分

さて、別掲38（1）を見てもらおう。これは一年の原価計算書（損益計算）の例である。この例は経費比率等を見ると優等生的な例で、減価償却費は償却可能資産１５０００千円を10年の定額法（最後は10％分は残す）で計算している。その計算は別掲38（2）だ。

別掲39

項目	金額(千円)	%
売上高	33,600	
原料費	9,438	28.1
粗利益高	24,162	
人件費	10,556	31.4
諸経費　I	1,680	5.0
II	753	2.2
III	699	2.1
IV	598	1.8
合計	3,730	11.1
賃借料	3,720	11.1
減価償却費	3,090	4.5
売上原価	30,534	
営業利益	3,066	
支払金利	525	
本部経費	3,000	
純利益	−459	
法人税等	0	
税引後利益	−459	
キャッシュフロー	2,631	

この減価償却費というのは実際には取得した、資産（内装、設備等）のそれぞれの税務上定められた耐用年数で計算しなくてはならない。

では、別掲39を見てもらおう。内容は減価償却費を除き同じである。ところが、別掲39の方がキャッシュフローは大きいのである。こちらは減価償却費を定率法で計算している。定率法の率の表は別掲40で、計算結果は別掲41である。さてむずかしい話は別にして、定率法で計上した方が４年度までは減価償却費は多く計上できるのである。したがって、最後は同じ額になるのだが、定率法で計算した方が４年度までは得になる。

※青色申告は必須

個人の場合でも、法人の場合でも青色申告は必須である。なぜならば青色申告の特典として、損益の繰り延べが認められているからである。ということは、赤字を生んだ場合、それが繰り越されるので、翌年にその赤字を繰り入れられる。その結果、税金が少なくなり、その分またキャッシュフローが増えることになるからである。

別掲 40

耐用年数	償却率
2	0.684
3	0.536
4	0.438
5	0.369
6	0.319
7	0.280
8	0.250
9	0.226
１０	0.206
１１	0.189
１２	0.175
１３	0.162
１４	0.152
１５	0.142
１６	0.134
１７	0.127
１８	0.120
１９	0.114
２０	0.109

別掲 41

	償却可能資産額	償却率	減価償却費
初年度	15,000,000	0.206	3,090,000
2年度	11,910,000	0.206	2,453,460
3年度	9,456,540	0.206	1,948,047
4年度	7,508,493	0.206	1,546,750

■資料作成にレジ機を利用する

経営にはいろいろな資料が必要である。だが、資料の作成は手作業で行う場合かなり時間がかかり、面倒くさくなって、資料作成をやめてしまう例が多い。

そこで、検討したいのが、

※POSレジ（分析機能を持つレジ機）

の設置である。このPOSレジというのは「point of sales」の頭文字で、販売時点管理システムといった意味になる、つまり分析機能を持つレジである。これがあれば資料作成を手伝ってくれる。当然、普通のレジと比べると設置費用は高いのだが、これが資料作成のための人件費の削減につながるので、実際に高い機器ではない。

資料作成とその分析で、手作業だと最も時間がかかるのが、

※品目別売上とメニュー分析→何が何個売れたかの統計と売上数字の分析

で、POSレジだと、これはアッという間にやってくれる。この分析はメニューを改正する際に絶対必要なものである。もちろんPOSレジは他にかなりの機能を備えている。したがって、できれば設置したい機器の一つである。

開業スケジュールは甘くないか

開業スケジュールのミスは大きな損失につながる

開業までにこなさなくてはならないスケジュールは数多い。しかも、スケジュールの中には、ミスすれば大きな損害につながるものも数多い。したがってミスを起こさないためには、綿密なスケジュール表を作成し、毎日確認し、できる限りミスをなくすようにしなくてはならない。別掲42はスケジュール表の見本である。見れば大変な作業だということは分かるはずである。なお開業に必要とする日数は、店舗が開発されてから約45日～60日である。この日数は、内装工事期間から割り出したものである。通常内装設備の工事期間は30日前後である。それに

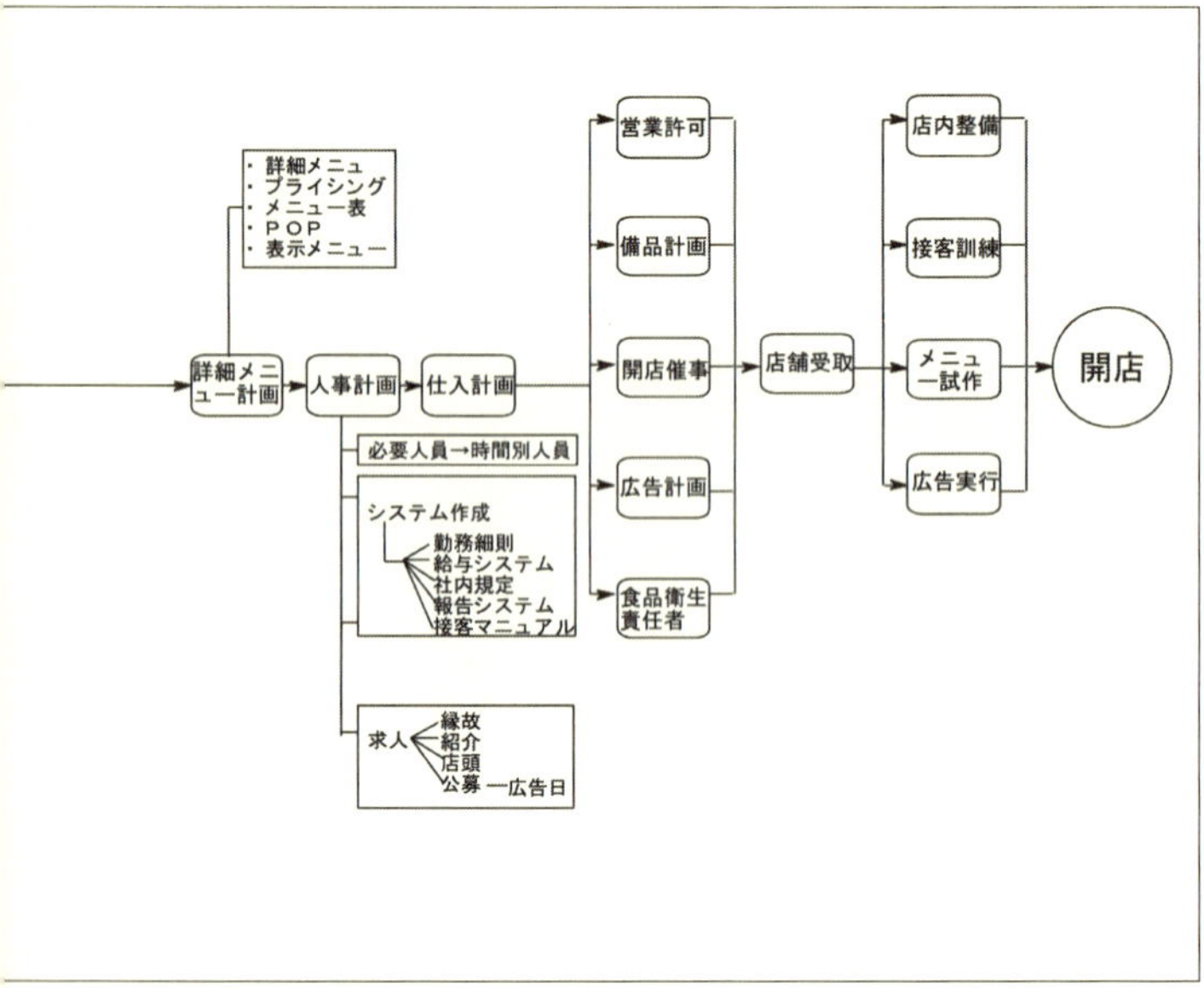

開店前の、
①トレーニング
②店内整備
　等を見ると、この日数が必要になるわけだ。
　さて、通常、店舗賃貸借契約をしないと、工事には入れない。契約をすれば家賃が発生してしまう。あまりダラダラしていたのでは、開業前家賃がかさんでしまう。できれば、家賃の発生日を契約時ではなく、遅らしてもらえるよう、家主と交渉することが望ましい。

別掲 42

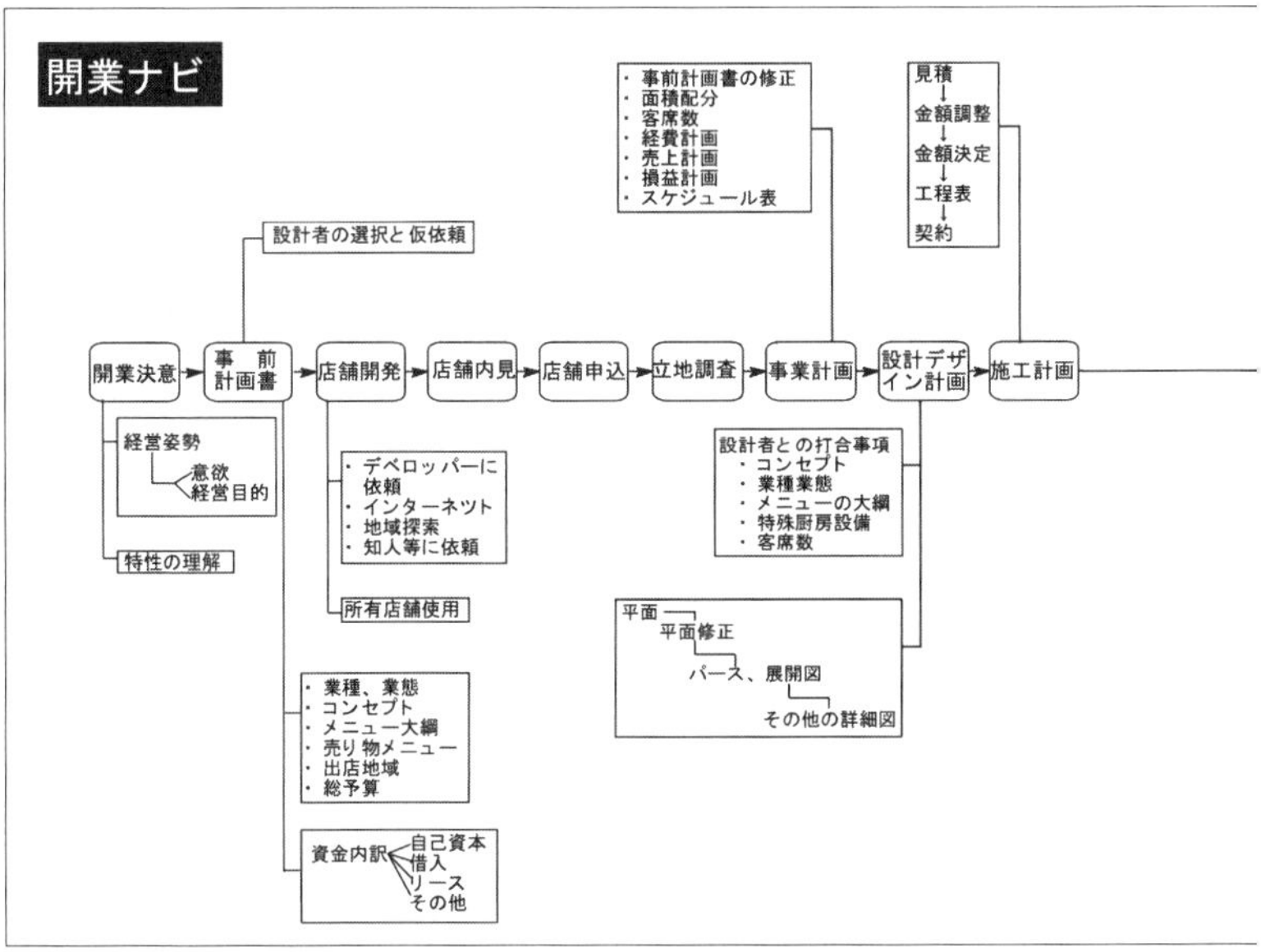

■工事の進行状況には、確認が必要

内装設備工事を行う場合、工事業者から工程表を提出してもらう必要がある。これに、いつ、どんな工事をするのかが明示されている。着工から5日間は確認できるような状態ではないので、見に行く必要はないが、その後は5日おきぐらいで、

①工事進行状況等

②説明と異なる部分

がないか確認しておいた方がいい。そして一番注意しなくてはならないのが、工事期間の中間日である。ここで、工事に2日以上遅れが出ているなら、開店日の変更も考えなくてはならない。こんな時、工事業者に「間に合うのか」などと確認するのは愚の骨頂である。

「間に合わせます」というに決まっているからだ。ここから先は、レセプションの招待状は送付してしまうとか広告を依頼するというようなことがなされてしまう。つまり、これから先に開店日を変えれば、いろいろなことに問題が起きるし、場合によっては損害金すら発生してしまう。なお、店が完成し、開業までには最低10日は必要である。これがないと、試作はできず、従業員のトレーニングもできないまま開店しなくてはならなくなる。

■工事発注方法にミスはないか

工事の発注は、当然のことだが、きちんとした契約書をかわさなくてはならない。知り合いだから契約など交わしていないという例もあるが、これではトラブルになっても、対処のしようがない。事実、このようなやり方でトラブルになっている例が結構あるのだ。さて、工事で最も大事なのは、完成時の点検である。これは設計者、工事業者、経営者で行う。工事はどんなに有能な業者がやってもダメな部分が出る。

例えば、材料が違う、傷がついている（工事中に塗装、クロスに傷がつく場合がある）、工事に雑な部分がある…等々。そして、これを直す工事がダメ直し工事である。

さて、工事代金だが、一般的には、

※着工時、中間時、完成時

の3回で支払うのだが、最終金については、ダメ直し終了時にしておいた方がいい。そしてダメ直しだが、これは何時までにやるのかを約束をさせなくてはならない。このダメ直し工事は開業までにやってもらう必要がある。なぜならば、開業後では客に迷惑がかかってしまうし、店の雰囲気もぶち壊しになるからである。

どんな営業許可を取るのか

飲食店を営業するためには食品衛生法に基づいた営業許可が必要である。営業許可は飲食店と喫茶店とがあるが、喫茶店の営業許可では、

※主として茶菓のみの販売

となっており、軽食の類、酒類の販売はできない。したがってカフェでも飲食店営業許可を取得した方がいい。飲食店営業許可の場合、食べ物、酒類の販売も可能である。だが、和洋菓子を製造して店の中で売るのは問題ないが、テイクアウトさせることはできない。もしテイクアウトもさせるという場合はあわせて、

※菓子製造業

の許可が必要になる。さらにアイスクリームも菓子等と同じで、テイクアウトさせるには、

※アイスクリーム製造業

の許可が必要になる。許可の申請先は店の住所を管轄する保険所で、必要書類は別掲43になる。なお、許可取得の条件の一つとなっているも

別掲 43

項目	摘要	備考
所定申請用紙	2部	保険所で取得またはウェブでダウンロード
平面計画図	2部	厨房設備配置入り
登記事項証明書		法人の場合のみ
水質検査成績書		水道直結の場合不要

のがあり、それは、

※各店に1人食品衛生責任者

がいなくてはならない。

※調理師、栄養士、製菓衛生士

の資格があれば、それが食品衛生管理者の資格になるが、ない場合は食品衛生協会主催の講習会を受講すれば、資格の取得は可能である。講習会の日程だが、保険所に問い合すか、食品衛生協会に問い合せるといい。この講習会は結構混んでいるので、なるべく早く受講しておいた方がいい。

さて、許可の申請時期だが、オープンの10日前後に申請すればいいが、検査で不備な点が出ると、慌てて直さなくてはならないので、平面計画図ができたら、それを保険所に持参して、チェックを受けておいた方が無難である。申請用紙はこの時もらえばいい。

■深夜酒類提供飲食店の届出が必要ではないか

飲食店の営業許可を取得した場合、深夜営業が可能である。ただし、この場合『主食』がメーンになっていなくてはならない。主食がメーンになっていれば、それに付随して酒類の提供が可能である。ここが微妙なところで、パスタとかサンドウィッチは主食としては認められない可能性があるのだ。したがって、それに付随して酒類を提供した場合は、違反になってしまう。そこで、

※バー（風俗営業は除く）、居酒屋、ダイニングバー、カフェ

といった業態で深夜に酒類を提供する場合は、

※深夜酒類提供飲食店

の届け出をしなくてはならない。届け出る先は、

※所轄の警察の生活安全課

である。用紙は警察からもらうことになる。添付書類の中に飲食店の許可書が必要なので、許可書が届いてから届け出ることになる。これは、ややむずかしいところがあるので、事前に管轄の警察署に出向き、届出用紙をもらい、要点を説明してもらっておく方が無難である。

■求人の前にしっかり決めるべきこと

正規従業員にしろ、パートタイマーにしろ、１人でも雇用する場合は、きちんとした人事のシステムが必要になる。何も決めないで、あいまいな形で求人の面接をしたのでは、働く方は不安になって当然である。絶対決めておかなくてはならないのは、

①正規従業員の給与とその内容→基本給、手当等
②パートの時給→キャリアによって差があるのならその基準
③給与等の支払い日、方法→締切日、支払日→手渡しか、振込か
④通勤交通費→全額支給か、それとも上限があるのか
⑤ユニフォーム支給の有無
⑥食事支給の有無
⑦勤務細則
⑧営業時間等→営業時間、定休日の有無
⑨試雇用期間の有無→試雇用期間の待遇

等である。

■求人計画とその注意点

現代の求人状況は、結構厳しいものがある。場所によっては、働く人がなかなか集まらないといっていい。したがって求人計画は甘くみることはできない。

求人の方法だが、現代では無数にある。ホームページがあるなら、そこでも求人は可能だし、地域によっては店頭貼り紙でも集まる可能性はある。

さて、この求人状況で一つ特徴的なものがある。それは住宅街は人の集まりがよく、中心地は人が集まりにくいのである。これは、かつてと違うところで、かつては中心の有名な地域は集まりがよく、住宅街は集まりにくかったのである。最近の例ではある住宅街の募集では、50人も応募者がいたのに、都心日本橋での募集では、たった5人の応募者しかいなかったぐらい差があるのである。

そこで、中心地の求人は、1回の求人広告では不安が残るので、1回目で芳しくなかった場合のことを考えて、次の求人の掲載を押えておかなくてはならない。そのようなことを踏まえると、第1回目の求人は開店15～20日前にしておく必要がある。

接客トレーニングを徹底する

接客サービスは店の大きな武器である。開店早々だからといって稚拙な接客サービスをすることなど絶対に許されない。開店に際し、やらなくてはならない教育の第一は、商品知識を覚えさせることである。商品知識がなくては売れるメニューも売れなくなってしまう。そして説明だけでは理解しにくい。したがってこれぞ売り物というメニューについては、実食もさせた方がいい。第二に必要なのは、提供のマナーである。例えば、コーヒーのスプーンの柄の向きとか、料理ごとに使用するシルバーといったことを徹底して教えなくてはならない。

ある店など、スパゲッティにデザートスプーンが付いて来たというような、笑い話にもならない例もあるぐらいなのである。

第三には、オーダーから提供までの実技である。本当にオーダーを取るところから、提供までを繰り返しやってみなくてはならない。この他にも、

※言葉づかい、歩き方、禁句等

と、トレーニングしなくてはならないことは数多く、結構日数をかけなくてはならない。

■レジで、店の最後の印象が決まる

店内で、味もサービスも満足させたのに、最後にレジで悪印象を与えれば、そこまでのものは全て帳消しになる。客は悪印象のまま帰り、リピート来店は期待できなくなってしまう。したがってレジ係の教育もかなり大事になる。レジ係に対し、第一にトレーニングしなくてはならないのが、レジの打ちこみトレーンニグである。日本人はかなりせっかちな人種である。したがってレジでモタついたりすると、それが悪印象につながる。

第二に必要なのは、クレーム処理である。クレームのつきそうなことを想定して、そのクレームの対処方法をトレーニングしたい。クレームがつくと、慌ててしまう例が多いが、実はクレームを口にしてくれたのは、店にとってはラッキーだったのだ。なぜなら、対処ができるからだ。怖いのはクレームは口にせず帰ってしまう客なのである。でも、何か気にいらないことがあれば、口にしなくても態度に出るはずである。そのような場合、それを聞く言葉もトレーニングしておく必要がある。

その他にレジ係には作業がある。それは、伝票整理、日報の作成等の管理的な仕事である。これも、トレーニングしておく必要がある。

全員参加の調理トレーニングの必要性

調理のプロがいる場合でも、その仕事を手伝うパートタイマーもいるはずだ。また、ソフトドリンク等は接客係がつくる場合も多い。したがって全メニューの試作を行いながら、全員参加でトレーニングを行うといい。それをやることによって商品知識の習得にもつながっていく。

オープンキッチンとか、オープンカウンターの場合、調理作業は客に見られているものだ。ところが、そこで調理をしているスタッフがレシピを見ながらとか、つたない手つきで作業していたのでは客に信用してもらうことはできない。

高いお金をもらっているのだから、そこに素人っぽい作業があってはならないのである。したがって客から見える場所で行う作業は、繰り返しトレーニングして、プロに見えるような作業をなさなくてはならない。特にカウンターがあり、カウンターに席がある場合は至近距離で見られているので注意がいる。調理作業については、店づくりとも関連をもつ。優れた調理技術がある場合、それを客に見せることは、大きな演出につながる。しかし、そうでない場合、カウンターを除いて、客席から見えないようなキッチンにすべきである。

開店時は、何かに期待を持たれている

飲食店の場合、開業時になんらかの開業サービスをするのが通例になっている。したがって開業日から何日かの間にやってくる客は、何か期待にも似たものを持っている。そこで、店はその期待に応えなくてはならない。

さて、よくあるのは、

※開店の粗品進呈

だが、それが本当に粗品であることが多い。これはもっと知恵を絞る必要があるはずだ。

また、それが次回の来店につながるというようなことも考えたい。例えば、次回来店時に利用できる金券等なら、次回の来店にもつながるし、次回もやって来ようという客にとっては、価値あるものになる。この金券の金額は多少大きくてもいい。なぜならば、店はその原料費でみればいいからである。

また、開業時には、イベント的なものを企画したい。売り物にしたいメニューがあるなら、それを中心にしたフェアーをやれば、売り物メニューが早く知れることになるはずだ。

ここにも企画力が必要になる。

開店日だから『ミス』は許されない

いくらトレーニングをしても、それはあくまでもトレーニングであって本番ではない。本番になれば、思ってもみないことが数多く起きる。だから、結構パニックになるのが普通である。こんな時、「慣れていなかったのだから仕方がない」などと呑気なことはいっていられない。客は開店で慣れていないから仕方がないなどとはいってくれない。

さて開業時に起きることで、最も多いのが、

①遅い→オーダーしたものの出るのが遅いと客にはイラ立ちが発生する
②違う→オーダーしたものと違うものがサービスされた
③調理→熱いものがぬるかったり、冷たいものが冷たくない

である。これを避けるために考えなくてはならないことの第一は、開店時のメニューの絞り込みである。開店日からフルメニューでやろうとすると、前述した3大クレームがつきやすい。次に考えなくてはならないのが、調理側のスタンバイの充実である。途中で仕込み品がなくなったりすると、新たに仕込むため手がとられるため、提供するメニューの調理が遅くなってしまう。次に考えておきたいのは、できるだけあるものにオーダーが集中するようにしておくといいということである。例えば、

※開店日のお薦めメニュとして数品をＰＯＰメニューにしてテーブルに置く

というようにすると、そのメニューにオーダーが集中していく可能性が高い。さらに開業日は営業だけに集中できるようにしておかなくてはならない。

①足りない材料や備品があり、それを買いに走る

②釣銭が不足して、両替に走る

というようなことをやっていたのでは営業だけに集中できるはずがない。以上のようにして、開店日だったから、慣れていなかったから仕方がない、という言葉を極力少なくすることが肝要である。

実は開店日のミスは、後日の成績にも大きな影響を及ぼす。例外はあるが、開店から５～７日ぐらい経過すると、売上は落ちてくる。この落ちてくる要因の一つになっているのが、開業から何日かに起きたミスなのである。ミスが多かった店ほどその落ち込みは激しくなってしまうのである。開店当時のミスは、その後の営業で取り返していくことが可能なのだが、落ち込みが激しかった店は、とり返すのに時間がかかってしまう。開店日だったから仕方がないではなく、開店日だからこそしっかりやるようにしたい。

実際営業と同じ状態をつくる

開店日は営業だけに専念しなくてはならないと前述してるが、開店日に雑用に追われないようにするには、開業前に営業日とまったく同じ状態にするというシュミレーションを2日間程度実践するといい。これは、開店スタンバイから後片づけ、退店までを通常の営業とまったく同じようにやって見るというシュミレーションである。したがって看板も出し、レジには釣銭も入れる…など、全てのことを実際にやらなくてはならない。これをやれば、営業するのに不足しているものもこの段階で出てくるのである。だから、開店日の雑用は極端に少なくすることができる。さて開店日に起きやすいことだが、それは、

①看板の電気がつかない
②店頭表示のサイン、メニューがない
③釣銭が準備されてない
④音楽がならない
⑤冷暖房が作動しない
⑥おしぼりが加熱されていない
⑦メニュー表の部数が不足している

⑧室内換気扇が作動しない
⑨一部のガス機器や電気機器が作動しない
⑩氷ができていない
⑪出されていない備品がある
⑫ブレーカーが落ちる
⑬レジに記録用紙がセットされていない
⑭材料に不足するものがある
⑮カスターセットの準備がない
⑯点灯しない照明器具がある
⑰テーブルにセットする備品に不足がある
⑱電話が通じない
⑲スタンバイが間に合わない

といったことである。一つでもおかしなことが起きると、そこにパニック・スパイラルが起きるので注意がいる。

あとがき

成功した経営者にある共通した特徴

（1）プランニング力がある

何をやる場合でも、しっかりとした計画を立て、その計画に十分な検討を与えてから、そのプランニングを実施する。現代はある意味ではプランニングの時代である。決して思いつきで事を起こすようなことはしないことだ。

（2）判断力がある

得られた情報、得られたアドバイスは、それが全て正しいということはない。マスメディアにも、ウェブにも数多い情報があるし、一億総アドバイザー時代というぐらいアドバイスがある。このような情報過多の時代には、得たものが正しいのか否かは重要な判断だ。的確な判断を下すためには、それを確かめることが大事だ。

（3）決断力、実行力がある

いくらいいプランを持っていても、実行に移されなくては意味がない。決断力がないと、せっかくのチャンスを逃すことにもつながる。的確に判断し、決断したら、果敢に実行するということが大事だ。

（4）説得力がある

例えば、

①従業員を説得する

②納入業者説得する

というように、経営には相手を説得しなくてはならないことが多い。説得力を身につけるためには、知識を吸収しておかなくてはならない。

（5）数字を理解している

飲食店経営者は数字に疎い、または数字は苦手だという経営者が多い。特に女性経営者には、そのような経営者が多いようだ。だがどんな経営にも大事なのは数字なのである。数字に理解がなくては、真の利益を上げていくことはできないのである。

(6) 決して逃げない

初めて店を経営した人達に、よくあるのは「素人だから」といういい訳をいう人が多い。これは一種の逃げである。高いお金を頂いて商売する以上「素人だから」は通用しないのだ。また、経営に失敗して、素人だからと逃げを打っていていいのか。これじゃいくらお金があっても足りないはずだ。決して逃げない、という姿勢を持ちたい。

赤土亮二が経営者に希望すること

(1) 意気込み、やる気を持ってもらいたい

私のところに開業指導の依頼でやってくる人は、好不況には関係なく、毎年かなりの数になる。その中の一部にちょっと気になることがある。開業指導の依頼できたのだから飲食店

が開業したいのだろうが、本当にやる気があるのかと疑いが生じるような人がいるのである。飲食業で成功したいのだという気迫が見られないのである。これでは手伝う方は拍子抜けである。やる以上は意気込みを見せてもらいたいものだ。また、飲食店なら何とかやれるのではないかと、舐めてかかってくる人も多い。

飲食店なら何とかやれるのではないかというほど、現代の飲食店は甘くない。本気で飲食店に取り組むのだという姿勢を見せてもらいたいものである。それでこそ手伝う方も気合が入るというものだ。

(2) 10%の仲間入りを果たしてもらいたい

現代の飲食店の競合は、戦争にも似て激しい。そんな激しい競合戦争の中で、勝ち残っていかなくてはならない。大袈裟でもなんでもなく、現在の飲食店で真の繁盛店というのは、たった10%なのである。40%は何とかやっていけている店で、残りの50%は、いつ潰れてもおかしくない店なのである。やる以上10%の中に入ってもらいたいというのが私の願いだ。そこで、提案したいのだが、全てのことで10%の中に入るということを実践してほしい。例えば、考え方なども、普通に考えていたのでは90%の中に入ってしまうのである。つまり、それは大多数の人が考えていることなのである。したがってそれは並みの考え方なのだ。この並みの考え方を捨てて、0から考えてこそ、そこに10％の中に入れる考え方になるのである。えてして10％に入れるこうした考え方は、一般常識とか既成概念からはずれて見えるのかも知れないが、だからこそ他にない考え方になるのである。

（3）3rdランナーになるな

その業態を最初にやった人を1st《ファースト》ランナーという。そして、それをいち早く真似た人が2nd《セカンド》ランナーである。1stランナーにはやや危険性がある。なぜならそれが成功できるか否かは未知数だからである。2ndランナーは真似た人なのだが、この人は、1stランナーが成功するだろうということをいち早く見抜いた洞察力をもった人なのである。

たいていの人は、あの業態が最近よさそうだからといって追いかけてくる3rd《サード》ランナーになってしまうのである。実は「このごろよさそうだから」ではもう遅いのである。

したがって真似るなら2ndランナーにならなくてはならないのだ。ところが、現代では、どんな業態にしろ、実は3rdランナーになってしまうのである。そこで考えなくてはならないのは、3rdランナーで構わないから、自店なりの独創性を加味しなくてはならないということである。実はこれで1stランナーにもなれるのである。

（4）数字は嘘をつかない→数字は嫌いでも苦手でも知らなくては儲からない

いまだに、
①数字は嫌いだ、苦手だ
②飲食店経営に数字など必要ないし役立たない
などといっている人がいる。そして直感だけに頼って経営する。だが直感などは、そんなに的中するものではないのだ。直感がそんなに的中するなら競馬、競輪で損をする人などいないのである。もちろん直感も大事なのだが、その直感が正しいのか、正しくないのかは数字（資料）が教えてくれるのである。実は数字は嘘はつかないのである。

経営である以上そこには利益が必要である。どんな体質になれば利益が出るのか、どこを改善すれば利益が出るのか、これは数字が教えてくれるのである。

これからは、「数字など役立たない」といういい方はやめて、「数字だけでは役立たない」に考え方を変えてもらいたい。

（5）早く『できる』経営者になる必要がある

飲食店のことは、まったく分からない。だけど店長を雇い、調理者を雇うのだから、何とかなる。大型店を経営する場合、このような経営者も結構いる。だが、これではダメなのだ。なぜならば、これでは店長がまたは調理者が間違ったことをやってもそれを指摘して改善させることはできない。これでは、自分たちがやりやすいようにやられてしまい、利益の出る店などできないのである。そこで、飲食店をやる以上飲食店の事を知らなくてはならない。そのためには勉強が必要だ。だが、知ってる経営者になることはさしてむずかしいことではない。なぜならば、参考書は無数に発売されているからだ。

そして、知っている経営者にとどまってはならない。早くできる経営者になることを考えてほしい。実はやって見せられれば、かなりの説得力につながる。

私事で申しわけないが、私はカフェのカウンターマン、バーのバーテンダー、コック、レストランの支配人、デパート食堂の課長の経験がある。したがって、指導先のメニュー構成をして、それを指導する時、調理者達がこのメニューは無理だとか、いろいろなことをいうが、絶対有無をいわせない。なぜならば、やって見せるという指導ができるからで、これは大きな武器になっている。

（6）アドバイザーを選べ

アドバイスがしてもらえる。これは大変有難いことである。だが、アドバイザーは選ぶ必要がある。特に心得ておかなくてはならないのが、自身と利害関係がある方のアドバイスはあまり役に立たないということだ。それを売れば得をする相手に、それを売ろうと思うがどうだろうとアドバイスを求めれば、それは売らない方がいいなどという訳がないのである。

（7）ＰＤＣを繰り返せ

開業計画が大変な作業だということはいうまでもない。だが、もっと大事なのは、開業後に繁盛させ、利益計上を果たすことなのである。経営とは、

※計画（plan）、実行（do）、検討（check）

を繰り返しで終わりはない。これが経営なのである。そして特に重要なのはチェックである。計画を実行しても、その結果を見てないという経営者がいるが、チェックがなければ、次の計画は立てられないのである。

さて、チェックを徹底しておこなうためには、資料が必要になる。したがって、資料作成を怠けるわけにはいかないのだ。

● 著者紹介 ●
赤土　亮二（あかど りょうじ）

飲食開業経営支援センター・チーフコンサルタント。「初心者の人でも、飲食店で必ず成功させる」をモットーに、独立・開業のための支援活動と儲かる飲食店作づくりのコンサルティングを行なう。店舗開発、立地調査、店舗デザイン、メニューづくり、接客サービス指導、計数管理…と細やかな指導を身上としており、数多くの繁盛店を輩出している。主な著書に「これから儲かる飲食店の新・開店出店教科書」「成功する！カフェ開店のすべて」「飲食店の接客サービス完全マニュアルBOOK」「失敗しない！BARの開業と経営のすべて」「飲食店のおもてなし接客サービス教本」（小社刊）など多数。

■飲食開業経営支援センター
住所／東京都品川区上大崎2-10-31　シティコート目黒4号棟712号室
電話03-5793-5008
ホームページ／http://www.kaigyoshien.com/

デザイン　スタジオゲット

そのやり方では大失敗する！
資金調達・物件探し・店舗設計・メニューづくり・計数管理…

繁盛飲食店の開業・出店
「成功の法則」を教えます

発行日　平成26年7月1日　初版発行

著　者　赤土　亮二（あかど りょうじ）
制作者　永瀬　正人
発行者　早嶋　茂
発行所　株式会社旭屋出版
〒107-0052　東京都港区赤坂1-7-19　キャピタル赤坂ビル8階
電話　03-3560-9065（販売部）
03-3560-9066（編集部）
FAX　03-3560-9071（販売部）
郵便振替　00150-1-19572
旭屋出版ホームページ　http://www.asahiya-jp.com

印刷・製本　株式会社シナノ

ISBN 978-4-7511-1097-3　C2034